U0361978

STRATEGIC MAP
FOR ENTERPRISE DIGITAL TRANSFORMATION

企业数字化转型
战略地图

王勇 ◎ 著

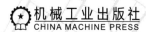

机械工业出版社
CHINA MACHINE PRESS

本书深入分析了企业数字化转型的痛点和难点，详细研究了华为、中国平安、招商银行等知名企业的数字化转型实践，深入到美的集团、三一重工、贝壳等数字化转型标杆企业进行访谈、调研。在此基础上，借鉴经典企业经营管理理论，成功梳理出企业数字化转型的关键要素和转型路径，构建出企业数字化转型的战略地图，明确回答企业数字化转型到底转什么、怎么转的问题。本书适合广大的企业管理人员，特别是高级管理人员、企业家。

图书在版编目（CIP）数据

企业数字化转型战略地图 / 王勇著 . -- 北京：机械工业出版社，2025.4. -- ISBN 978-7-111-78044-1

Ⅰ. F272.7

中国国家版本馆 CIP 数据核字第 2025L8S123 号

机械工业出版社（北京市百万庄大街 22 号 邮政编码 100037）
策划编辑：张竞余　　　　　　　　责任编辑：张竞余　杨振英
责任校对：赵玉鑫　李可意　景　飞　责任印制：任维东
河北宝昌佳彩印刷有限公司印刷
2025 年 5 月第 1 版第 1 次印刷
170mm × 240mm · 12.25 印张 · 1 插页 · 150 千字
标准书号：ISBN 978-7-111-78044-1
定价：79.00 元

电话服务　　　　　　　　　　网络服务
客服电话：010-88361066　　　机 工 官 网：www.cmpbook.com
　　　　　010-88379833　　　机 工 官 博：weibo.com/cmp1952
　　　　　010-68326294　　　金 书 网：www.golden-book.com
封底无防伪标均为盗版　　　机工教育服务网：www.cmpedu.com

数字化转型这个说法由来已久，但时至今日，业界和学界依然对如何转感到困惑。"不敢转、不会转"以至于"不愿转"，成为难以医治的沉疴。本书为企业数字化转型把脉开方。

这本书直击数字化转型的第一性原理。面对数字化转型这个词，企业家和管理人员往往专注于"数字化"，尤其是新兴数字技术。我们时常听到企业家和管理人员询问：某项新技术诞生后，有什么成功案例？有哪些成功应用？这些问题的背后反映出一种思路——比较的思路。找到成功案例后，对比本企业，如果企业经营现状类似，就试图仿照。这也是一种社会性学习思路，有其存在的合理性。但是，他人的成功未必能够复制，仿照也许能够保障自己不掉队，但是难以借此获得竞争优势。那么，数字化转型的本质是什么？数字化转型是利用数字化的手段重构企业提供的产品及企业的组织方式。数字技术不断发展，日新月异；产品服务不断推陈出新；新型的组织模式也不断涌现。如果囿于比较思维，难免落入"乱花渐欲迷人眼"的陷阱。这本书所进行的案例研究，包括美的集团、三一重工、贝壳等，均围绕着企业如何通过各自使用的数字技术，以不同的程度重构企业的产品或组织方式。这本书为我们抽丝剥茧，提炼出审视企业数字化转型的一条清晰主线，值得悉心体会。

这本书力图做到理论联系实际。"战略地图"是罗伯特·卡普兰（Robert S. Kaplan）与戴维·诺顿（David P. Norton）两位管理学大师提出的管理学理论。该理论以平衡计分卡和价值链为思想基础，提出一种系统的战略描述方式，即以实现顾客价值为目标，以价值链中的具体流程为抓手，以培育价值创造资产为根基，从而构建价值创造的实施路径。本书作者在开展案例研究的过程中，系统调研了企业制定顾客价值原则、设计运营流程、夯实各项企业资产尤其是数字资产的高管团队，这些高管既是顶层设计者也是躬身实践者，他们所述的企业转型历程是对照研究"战略地图"的重要信息，也是以战略地图为思想指引，提炼出扎根我国企业实情的企业数字化转型关键要素和路径的宝贵一手资料。建议读者在阅读这本书时，可以跳出这些成功案例的"历史档案"，对照阅读《战略地图》原著，体察这本书作者的研究思路，以此获"渔"而非"鱼"，并在未来自己企业的数字化转型中加以应用。

这本书也以系统视角启发读者思考。系统观是具有基础性的管理思想和工作方法。面对数字化转型，企业的掌舵人不能只着眼于"数字技术"，而应以统领全局的视角，统筹规划企业各项生产要素。党的十九届四中全会提出"劳动、资本、土地、知识、技术、管理、数据等生产要素"的论述，这是基于中国经济伟大实践的一次理论飞跃。企业的掌舵人应充分重视这一观念上的变革，从要素投入和回报的视角，审视企业对以上要素的部署。阅读这本书的一个有益视角，是在书中记录的这些鲜活案例中，寻找这些成功企业在数字化转型过程中如何部署了相关要素，这些要素又如何联系在一起，作为一个整体推动企业转型成功。思考性的阅读，会带来更大的阅读乐趣，也会带来更多的收获。是为序。

徐心

清华大学经济管理学院副院长、史带讲席教授企业是时代的企业！任何企业的成长、壮大都是顺应了时代的进步。重大技术突破往往会极大地提升生产力水平，把社会带入一个新的时代，催生新企业，颠覆"老"企业，唯有那些能够适应变革的企业，才能持续生存发展下去。

如今，我们正进入一个全新的数字时代。大数据、云计算、物联网、人工智能等数字技术的飞速发展和广泛应用，带动数字经济蓬勃兴起，快速地把当今社会全面带入数字时代。根据中国信息通信研究院发布的《中国数字经济发展研究报告（2023年）》，目前我国数字经济规模超过50万亿元，总量稳居世界第二，占GDP比重提升至41.5%，随着数字经济与实体经济越发紧密地融合，到2031年我国数字经济规模预计将达到100万亿元。

国家数据局成立，并被赋予"统筹数据资源整合共享和开发利用，统筹推进数字中国、数字经济、数字社会规划和建设等"职能，标志着数据成为重要的生产要素，被纳入政府的管理体系之中，将在整个社会发展中发挥重要作用。

在这样的时代背景下，传统企业的数字化转型是大势所趋，任何企业都要迎接这一挑战和机遇，这也是每位企业家的必修课。就像三一重工前董事长梁稳根在第十三届全国人民代表大会上所说的那样："三一的数字化转型，要么翻身，要么翻船！"

在一些传统企业深受数字经济冲击的同时，一些企业积极开展数字化转型，构建基于数字技术的新的核心能力，从而取得了良好的成效，为企业的发展创造了新的机会。

美的集团通过全面推进数字化转型，实现了从传统制造企业到智能制造先锋的转变。美的集团通过数字化转型显著缩短了产品交付周期，减少了库存积压，提高了周转率，从而在更短的时间内以更低的成本生产出更多的产品。如今，美的集团订单交付周期仅为行业平均周期的一半，库存周转率也从 4 次 / 年增长到 17 次 / 年。

三一重工通过数字化转型显著优化了资源配置，大幅提高了生产效率。截至 2022 年底，三一重工累计推进了 31 家"灯塔工厂"的建设，有 25 家"灯塔工厂"建成达产。其中，三一重工的 18 号工厂实现了产能扩大 123%、生产率提高 98%、单位制造成本降低 29%，并成为首批全球重型装备行业仅有的两个"灯塔工厂"之一。

贝壳通过数字化转型，实现了从传统的线下房产经纪模式到线上平台型业务的商业模式的根本性转变。这一转变不仅极大地改善了购房者的购房体验，使其可以更加便捷、高效地购买房源，同时也为卖家提供了更丰富的展示资源渠道和更广泛的销售渠道。此外，贝壳还将数字化能力向整个房产经纪行业开放，为其他房产经纪品牌数字化转型提供支持，进一步推动整个房产经纪行业的数字化转型，从而打造出基于数字技术的新的企业核心能力。

⊖ "灯塔工厂"由世界经济论坛和麦肯锡合作开展遴选，被誉为"世界上最先进的工厂"。

这些案例生动地展示了数字化转型如何帮助企业提升效率、降低成本、创新商业模式，并在激烈的市场竞争中保持领先地位。相关数据显示，数字化转型对不同行业企业的成本和收入均有显著影响。通过数字化转型，制造业企业成本降低约 17.6%，营业收入增加约 22.6%；物流服务业企业成本降低约 34.2%，营业收入增加约 33.6%；零售业企业成本降低约 7.8%，营业收入增加约 33.3%。[一]

然而，企业数字化转型并非易事，会遇到诸多阻力与挑战：对数字化转型认知不足，缺少明确的、系统的数字化转型规划；转型节奏失衡，造成资源分配不均或资源浪费；数字化转型所需的人才不足或人才的数字化能力不足，难以支撑企业数字化转型的具体工作；数字技术应用与业务开展脱节，"业技"难以融合，"两张皮"现象严重；数据打通程度有限，存在数据孤岛现象；数字化转型效果难以衡量，有很大的不确定性，甚至对现有业务造成冲击，转型难以推进，等等。

以上现象折射出很多企业管理人员对数字化转型到底转什么、怎么转很茫然，业务经营压力叠加数字化转型的压力，使他们十分焦虑，企业面临着"不转等死、转了找死"的两难困境，迫切需要一本能把企业数字化转型讲透、能具体指导企业数字化转型的书。

鉴于此，我们致力于为广大的企业管理人员，特别是高级管理人员提供一个企业数字化转型"小红书"。在深入搜集、分析了企业数字化转型痛点、难点，详细研究了中国平安、华为、招商银行、天虹股份、金风科技、酷特智能等企业的数字化转型实践的基础上，我们还深入美的集团、三一重工、贝壳、物美、阳光保险、九牧洁具、广联达、良品铺子等企业进行访谈、调研。访谈调研工作从 2022 年 10 月一直持续到 2024 年 8 月，访谈对象包括企业的董事长和数字化、财务、人力资源、研发等部门

一　世界经济论坛：《第四次工业革命对供应链的影响》。

负责人。

随着我们访谈和研究的深入，企业数字化转型的顶层设计和路径图逐渐变得清晰。借鉴经典企业经营管理理论，采用多案例研究方法，我们对14家数字化转型标杆企业的数字化转型实践进行了全面系统的分析和研究，成功梳理出企业数字化转型的关键要素和转型路径，构建出企业数字化转型的战略地图，本书是这一深入、系统研究成果的体现。

本书力求做到理论联系实际，注重实用性、操作性和前瞻性。如果你是一位企业家，如果你是一位管理者，如果你是一位相关从业人员，如果你已经认识到数字化转型的迫切性，如果你正想转但不知怎么转，如果你将持续投身于数字化转型，那么本书将让你答疑解惑、提供帮助。本书作为企业数字化转型的全面指导手册，能帮你制定清晰的数字化转型战略目标，让你明确数字化转型的具体路径，为你拆解数字化转型路径中的关键环节是什么、怎么做，回答了企业数字化转型到底转什么、怎么转的问题。

需要特别指出的是，企业的数字化转型是一件难但正确的战略决策，是一把手工程。企业一把手必须作为第一责任人亲自推动此项工作，躬身前行，提升企业在数字经济时代的竞争力，为企业可持续发展奠定基础。因此，本书对企业的一把手具有特别重要的参考价值。

目 录

前沿探讨：生成式人工智能的发展与数字化转型 / 162

附 录 / 169

后 记 / 178

第一章

数字化转型转什么

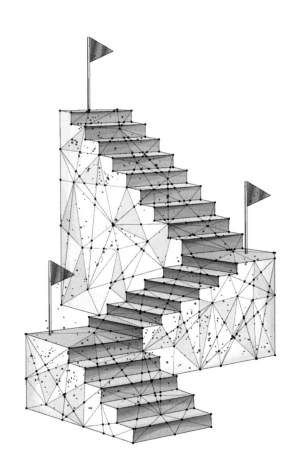

　　"未来十年（2020～2030年）成为全球数字化战略及发展的领导者之一""未来美的要从传统家电企业逐渐向有互联网思维的智能硬件公司转型""宁可转型升级死，绝不因循守旧活"……在这些坚定目标的鼓励下，以中国平安、美的集团、广联达等为代表的越来越多的企业积极投身于数字化转型浪潮中，探索如何将数字技术融入企业的经营管理之中，从而建立新的竞争优势。然而，仅有这些口号是不够的，为保证数字化转型的顺利推进，我们必须深入思考：为什么要进行数字化转型？数字化转型与其他转型有什么不同？数字化转型到底要转什么？

一、如何理解数字化转型，数字化转型有哪些特征

　　实际上，对于如何理解企业数字化转型，目前并没有达成一个共识，不同的企业家、专家学者站在自己的视角，有着不同的理解。

　　中国平安保险（集团）股份有限公司创始人马明哲提出，"数字化不仅仅是一种技术革命，更是一种认知革命，是人类思维方式与行为模式的革命……对企业而言，数字化将在战略、组织、管理、运营、人才、服务等方面，带来思维模式上的巨大颠覆与产业实践上的系统变革"。美的集团董事长方洪波认为数字技术不再是单纯意义上的技术，技术驱动的是整个企业的方方面面，是对全价值链的重构，真正决定数字化转型结果的并不是技术，而是人的思维意识的改变，以及组织方面的变革。可见，企业界更倾向于将数字化转型与企业战略紧密结合，从业务角度出发，全面解构并重塑思维方式、商业模式、组织结构以及价值链条，以达到全面赋能企业发展的目的。

　　学术界普遍认为，企业数字化转型的核心在于运用数字技术推动产

品与服务的革新、组织结构的优化以及商业模式的转变，进而实现企业整体价值的增长。

我们认为企业数字化转型是指企业将云计算、大数据、人工智能、区块链、物联网等数字技术与业务进行深度且全面的融合，以价值创造流程为基本框架，推动流程重构和组织优化，以数据驱动企业的管理决策和业务发展，实现企业整体价值的增长，实现可持续发展。

数字化转型具有系统性、长期性、冲突性、不确定性的特征。

系统性：企业数字化转型范围广，涉及企业的方方面面，从战略规划到执行落地，从组织结构到文化建设，从技术应用到人才培养，每一个环节都相互关联、相互影响，需要不同层级、不同部门之间的互相支持和配合，需要企业做系统性、根本性的变革。

长期性：企业数字化转型是一个长期持续且不断迭代的过程，需要数年甚至更长时间的持续投入，而非一次性的项目或短期任务。一项调查表明，对于数字化转型需要持续多久，66%的受访企业预计至少需要3～5年，18.9%的企业预计需要6～10年，仅有6.3%的企业认为可以在2年内完成数字化转型。[一]美的集团、三一重工、广联达等企业的数字化转型已持续了十余年，至今仍未停止脚步。

冲突性：企业在数字化转型过程中往往会遇到新旧观念的冲突，员工固有的思维定式往往会给转型带来巨大的阻力，造成一些冲突。在广联达数字化转型的初期，创始人刁志中多次表明了坚定的战略决心："宁可转型升级死，绝不因循守旧活。"然而，当时的300多名干部中，只有少部分人能够大致理解数字化转型对广联达的重要性，绝大多数人对此表示担忧和怀疑。

不确定性：数字化转型要求企业进行战略转变、流程重构、组织变

㊀ 董小英、戴亦舒、晏梦灵等：《变数：中国数字企业模型及实践》。

革、文化重塑等，这些变革都充满了未知；数字化转型需要大量的资源投入，但投入的预期回报，往往难以确定；数字技术仍处于不断发展和完善之中，成熟性、可靠性、安全性等也都存在不确定性。美的集团董事长方洪波在一次专访时说道："数字化变革都是隐性的东西，无法以肉眼去判断、以经验去判断，甚至有时候不知道方向在哪里。这是目前最大的困难。我有时候也在心里问，往前走到底会怎么样？它是未知的，这就是最大的焦虑。"

需要强调的是，数字化虽然是在信息化的基础上推进的，但数字化不等同于信息化，不能将数字化与信息化混为一谈。

数字化与信息化在技术体系、业技关系、数据治理、思维认知等方面有很大的不同。信息化的技术与业务相对独立，数据是业务副产品，价值很少被挖掘、利用，主要着眼于解决内部管理问题，以提升运作的效率，并不能决定业务的成败。而数字化采用更加开放的 DT 技术体系，强调技术与业务深度融合，技术赋能业务，因而数据成为企业核心资产，数据价值得到充分挖掘利用；数字化着眼点是提升客户体验，会优化甚至重构流程，能够带来收入的增长或成本的降低。比如，贝壳通过全面数字化转型，对房产经纪行业的交易流程进行了全面重塑，不仅提高了房产交易的效率和透明度，还为客户提供了更加便捷和个性化的服务体验，推动了企业业务的增长，这是信息化无法做到的。

二、企业数字化转型究竟转什么

1. 转认知

认知不到位、不统一会给企业数字化转型带来极大的阻力。在华为的数字化转型中，改变人的观念、意识和行为是重中之重，被形象地称为"转人磨芯"。数字化转型其实是一场从一把手、高管到基层员工的认知革命，数字化转型首要的转变就是认知的转变，正确的认知是转型成功的基础。

美的集团的数字化转型取得了相当不错的成效，在回顾数字化转型历程时，方洪波仍然感慨认知转变的重要性。他曾说，"通俗地讲，转型本质上就是转人。团队结构不转，思维不转，知识结构不转，能力不转，转型就是空谈。我们所有高管都是在工业时代成长起来的，思维都是硬件思维，美的今天的转型是'由硬到软'的过程，需要大量软件思维。因此，现有的团队，包括我，都需要改造自己的思维认知""（转型中）外面所有的东西我都不担心，最担心的困难就是内部人的思维转变不了"。

可见，企业数字化转型中认知的转变十分重要。然而知易行难，在传统思维定式、对变化的抵抗心理、数字化知识的缺乏、风险规避倾向、效益压力等因素的共同作用下，员工和管理层的认知转变极为困难。

广联达数字化转型的第一步是产品数字化，将原来的套装软件 SaaS（软件即服务）化，收费模式从固定的一次性收费转变为订阅式收费。从发展的角度来看，这一步无疑是正确的，然而却受到了内部员工和外部客户的抵制。员工认为套装软件 SaaS 化意味着产品价格下调，销售提成和收入必将受到严重影响。客户则担心产品 SaaS 化后会面临更高的数据泄露风险，而且也不习惯改变原有的一次性支付模式。这给广联达的数字化转型带来了巨大的阻力和挑战，广联达董事长刁志中坦言，数字化转型中最大的障碍并非技术或资源，而是认知上的改变。

作为传统零售企业，物美要通过数字化转型实现线上线下业务一体化。这要求员工理解并运用数字化思维开展业务，但很多员工早已习惯了线下门店的业务模式，既不想适应，也不想推动。不仅仅是物美，曾任天虹股份董事长的高书林也曾公开讲述："数字化转型最主要的挑战还是来自内部，内部需要转变思维。"三一重工梁在中也曾感慨："如何转全员的认知，让他们认识到数字化转型是一场生死之战，是三一重工转型最大的挑战。"

2. 转战略

数字化转型本质上是企业的一种战略转型，必须从战略的角度来思考。若不把数字化转型上升为整体的发展战略，企业上下就意识不到转型的重要性，转型则难以推进、难以成功。

华为在2016年正式启动数字化转型，将其定义为整个集团重要的战略变革。中国平安2017年发布"金融＋科技"双轮驱动战略，提出在10年内成为全球数字化战略发展的领导者之一的目标。三一重工将数字化战略作为三大核心战略之一，并提出"三个三"新愿景：要在五年内实现"3000亿元销售收入、3000名工人、30 000名工程技术人员"，彻底从劳动密集型企业转型为知识密集型科技企业。

美的集团也将数字化转型作为战略转型，并不断调整强化。转型过程中，方洪波发现美的集团原本的"产品领先、效率驱动、全球运营"战略对数字化强调不足，没有使企业上下充分意识到全面数字化转型的重要性，没有做到预期的"靠数据驱动的数字化企业"。于是，美的集团在2021年将战略升级为"科技领先、用户直达、数智驱动、全球突破"；在2022年发布"数字美的2025"战略，进一步强调数字化转型战略。

3. 转客户

转客户是指转变客户价值创造的理念和方法。企业的本质就是要始终为客户创造价值，数字化转型也要紧密围绕客户价值创造的变革来推进。

数字时代下客户获取信息的途径和方式愈加多元，客户可以通过更便利的方式接触到更广泛的产品，仅凭单一的产品或服务越来越难以满足消费者多层次的需求，消费者开始追求产品全生命周期的服务体验。企业在数字化转型中不仅要思考客户价值的新内涵，更要思考如何转变客户价值创造的理念和方法，通过数字化转型更好地创造客户价值，最终实现将企业数字化转型成果传递给客户、应用于客户，满足客户丰富多样的需求。

物美发现客户对产品和服务的时效性有了更高的需求，决心打通线上消费、线下消费场景，实现线上线下一体化，优化客户体验，更好地实现客户价值。美的集团副总裁兼首席信息官（CDO）张小懿特别强调，为客户创造价值是美的数字化转型的关键要义之一。为更好地洞察、满足客户新需求，美的集团在数字化转型过程中投入大量资源打通销售端到生产端，以更快的速度直面客户需求。

4. 转流程

企业数字化转型的具体抓手是业务流程的转型，业务流程的转型是企业实现数字化转型目标的实际落脚点。只有不断消除业务流程断点，优化、重构业务流程，才能实现业务的数字化转型。

华为首席信息官陶景文曾提出："任何不涉及流程重构的数字化转型都是装样子，是在外围打转转，没有触及灵魂。"华为数字化转型最优先的两个任务就是流程重构（业务流程化）和业务在线化（流程数字化），以实现把企业"搬"到线上。"搬"不是简单的复制，而是从业务需求出发，再造业务流程。以供应管理流程为例，华为对供应管理的计划、订单、采购、制造、物流等五大核心流程进行全面数字化重塑和拉通，通过打破部门壁垒，实现了端到端流程的重新设计，优化供应管理体系，有效推进了供应管理的数字化转型。

美的集团也对众多业务流程进行系统性的梳理和深度重构，涵盖了市场营销、产品研发、生产制造、供应链管理以及采购等各个关键业务流程。可以说，在美的，几乎每一个业务流程都经历了转型，美的通过数字技术提升了业务流程效能，进而反哺并优化了各项业务绩效。

5. 转技术

大计算、大数据、人工智能、区块链、物联网等前沿数字技术是数字化转型的重要技术基础。企业在数字化转型中需要引入这些数字技术，有效利用数字技术赋能业务，才能顺利推进数字化转型。

只有大数据技术才能帮助企业全方位、实时地获得、处理、加工、分析数据，将很多基础数据转变为驱动企业业务发展的有效数据。天虹股份通过大数据技术收集、分析会员的性别、产品偏好、消费习惯等，精准构建客户画像，实施"千人千面"的个性化营销策略，成功推动营销管理的数字化转型。天虹股份还依托大数据技术，根据销售数据预测市场趋势，实现精细化的供应管理，深化供应端的数字化转型。

华为在数字化转型中，将物联网技术广泛应用于企业经营管理过程中，以门店销售为例，华为通过光线传感器、温度传感器等，自动调节门店窗帘、灯光、温度等，为消费者营造更舒适的门店购物体验，推动门店服务的数字化转型。华为还对门店陈列的样机进行感知管理，实时传输样机的位置、状态以及使用状态信息，记录并反馈消费者体验样机过程中的行为数据，更有针对性地进行产品设计、品牌营销等工作的决策。

除此之外，人工智能、云计算等技术也在企业数字化转型中得到了广泛的应用。美的集团应用生成式人工智能技术自研"美言"大模型，助力企业产品端的数字化转型；广联达借助云计算技术，实现产品、客户数据沉淀，进一步驱动广联达的数字化转型……

6. 转系统

　　企业在信息化时代建立的 IT 系统可能虽较为完整，但与业务是"两张皮"，是业务系统的附属品，并没有实现与业务系统的深度融合，不能很好地满足企业数字化转型的要求。企业在数字化转型时，需要从赋能业务出发，重新设计、构建数字化系统，更好地推进数字化转型。

　　2014 年良品铺子全面启动数字化转型，投入巨资与 IBM、SAP、华为等企业共同建立了全渠道业务平台（大数据后台系统），把收银系统、POS 系统、物流系统、财务系统等全部更换，进而打造一体化订单管理系统（OMS）。美的集团在数字化转型之初对 100 多套信息系统进行全面重构，一次性替换为新研发的系统；其后，随着转型的深入推进，又自建技术团队，自主研发了个性化的数字化系统……可以说，IT 系统的转型是数字化转型中投入最大的部分，也是数字化转型中十分重要且必须做好的工作。

7. 转观念

　　企业在数字化转型过程中必须要转变数据观念，更新对数据的认识，积极采集数据，充实数据规模；借助先进的数据技术深入分析数据、洞察数据，将看似杂乱无章的数据，梳理为结构化的有效数据；同时，企业还需注重数据治理，注重用户隐私保护和数据的安全。

　　在数字化转型的进程中，华为特别重视数据的采集、分析与应用。华为在用户平台上埋点，精确捕捉用户的交互行为，采集包括浏览路径、停留时长和操作流程等关键数据。通过分析这些数据，华为构建详尽的用户画像和用户行为模型，不断优化算法，以提升产品推荐系统的精确度。华为尤其注重数据治理，对数据的采集、分析和应用制定了严格的规则和管理体系，以保障华为数字化转型的稳健推进。

良品铺子在数字化转型中，也深刻理解到数据的核心价值，及时转变数据观念，实施了全面的数据采集策略，不仅广泛覆盖公司内部数据，还扩展至与多家物流服务提供商和供应商之间的数据互联。基于这些数据，良品铺子实时监控订单进度，实现生产计划、质量控制、财务结算等多方面的协同。

8. 转人才

企业数字化转型需要一支精通数字技术、深刻理解业务、积极拥抱数字技术的人才队伍，企业必须转变人才队伍结构，完成从传统人力资本到数字化人力资本的转变。

一方面，企业需要从外部引入或在内部培养数字化人才，特别是复合型人才，提高数字化人才比例，重用数字化转型的支持者和践行者；另一方面，企业也要淘汰数字化能力不足者、无法适应变革者和反对变革者。

华为在数字化转型中提出要管理"利益干系人"，发展"变革同盟军"。华为按照变革意愿和变革能力将利益干系人分成四类：积极响应者、跟随者、消极反对者和积极反对者。对于消极反对者，华为通过广泛的宣传和沟通，帮助他们深入理解企业变革的目的与带来的好处，提升其对变革的意愿与认可度；对于积极反对者，华为首先分析其抵触的根因，看能否通过沟通宣传、优化变革方案来打消他们的顾虑，如果他们的思维和行为方式不能改变，导致变革进程严重受阻，那么就"削足适履"，强势淘汰。

在数字化人才队伍的转型中，企业一定要有"壮士断腕"的勇气，对于数字化能力不足、暂时无法胜任新岗位的员工，可以进行数字化技能培训，但对于认知无法转变或不愿意转变认知，通过教育和沟通后仍不改变的员工，要敢于淘汰。

9. 转组织

当企业做出新的战略决策时，其组织结构也必须相应地做出调整与变革，以匹配新的战略需求。对于数字化转型来说，组织结构调整也是确保数字化转型顺利进行的关键。IDC 中国区副总裁兼首席分析师武连峰指出，陈旧的组织结构已成为中国企业数字化转型面临的主要挑战之一，有高达 58.7% 的企业表示正面临这一挑战。

通过合理转变组织结构，企业能够更好地适应数字化转型带来的新要求，可以更好地实现业务流程与数字技术的深度融合，从而更好地支撑数字化转型。

组织架构调整时是新设一个数字化部门？还是将原有的 IT 部门升级为数字化部门？还是在各业务部门内部建立自己的数字化团队？抑或是单独设立一家科技子公司？组织内部人员如何设置？不同企业可能会有不同的选择。

通过研究数字化转型标杆企业，我们观察到组织架构调整的原则都是扁平化、平台化，以提高组织的敏捷性。例如，天虹股份在数字化转型中持续推进扁平化的组织架构，尽量减少决策层级，天虹股份的职能部门不超过 3 个层级，电子流审批不超过 5 个流程。良品铺子把组织架构简化为扁平的三层——市场经营层、资源能力层与规划策略层。美的集团在转型过程中不断对组织架构进行拆分、重组，推行组织平台化变革，学习互联网企业，建立"大平台 + 小前端"的扁平化组织架构。

10. 转文化

Forrester Consulting 基于 GE 数字化转型面临困境的分析研究，认为其数字化转型要想成功，必须改变组织文化。波士顿咨询公司的调查也显示，在数字化转型过程中，重视文化转型的企业，其转型成功率可达

90%，而忽视文化转型的企业，转型成功率只有17%。文化是一个企业的DNA，如果不进行企业文化的转型，数字化转型就无法真正地成功。

华为在数字化转型期间，曾特别设立数字化文化宣传工作组，来倾听业务部门对数字化转型的建议，收集业务人员对数字化成效的实际反馈，以此在内部营造更加浓厚的数字文化氛围，强化员工的数字化意识。

美的集团董事长方洪波在数字化转型过程中亲自牵头、身体力行，改变原有的企业文化。转型前，美的集团层级明显，比如，公司管理层有专属的用餐空间等。为了打破这种层级文化，将企业文化转变为去中心化的、平等的文化，方洪波几乎取消了所有管理者的个人办公室和特殊待遇，将自己的办公室换上玻璃墙，意在表明"随时开放，任何人都可以进来"。

讨论：数字化转型的八大误区

对于进行数字化转型的企业来说，要注意避免陷入以下误区。

（1）数字化转型是大企业的"游戏"，中小企业转型是"找死"。

数字化转型标杆企业中，美的集团是家电制造行业的龙头，三一重工是工程机械行业的龙头，中国平安、招商银行是金融行业的龙头，物美是零售行业的龙头……很多人因此误以为数字化转型是资金实力雄厚的大企业的"游戏"，认为它们输得起，有足够的资本承担转型风险。而中小企业竞争力较低、抗风险能力较弱，生存已属不易，数字化转型无异于"自寻死路"。

但实际上，无论企业规模大小，资金实力雄厚与否，只要有需求，就应该进行数字化转型。甚至，中小企业由于业务没有大企业复杂，数字化转型可能比大企业更容易。

尤其近年来，我国中小企业数字化转型不再是"孤身作战"。很多大企业开始带动中小企业进行"链式"数字化转型，为它们提供有效的数字化转型解决方案，进一步降低了中小企业数字化转型的难度。例如，美的集团通过美云智数为汽车零部件产业打造数字化转型公共技术服务平台，赋能数十家不同体量、不同发展阶段的汽车零部件企业，帮助它们局部或全面成功实现数字化转型。汽车零部件企业赛恩特应用美云智数平台进行数字化转型后，设备综合效率提升超过11%，主营业务收入提升21%以上，人均产值增幅超过11%，交付周期缩短33%以上，经济效益指标提升显著，成功入选"佛山市二级数字化智能化示范工厂"。

（2）数字化转型需要彻底改变原有业务，开创全新数字化业务。

有些企业认为，要想成功实现数字化转型，必须要彻底改变原有业务模式，开辟全新的数字化业务。这实际上是对数字化转型的严重误读。完全脱离现有业务，单纯地"探索新数字化业务机会"，为了数字化而数字化，属于非常过激的数字化转型，并不可取。

企业进行数字化转型时不应，也不能与深耕多年的业务背道而驰。相反，应当以现有业务为基础，利用数字技术增强其竞争力，并在此过程中逐步培育新的数字化业务，开辟新的增长空间。这是一个循序渐进的过程。

（3）数字化转型是技术驱动的，应尽量多引进新兴数字技术。

不可否认，数字技术确实有助于企业研发、生产、销售等工作，但企业数字化转型本质是业务的转型。盲目堆砌大量新兴数字技术而忽视业务需求，必然导致技术和业务两层皮，影响数字化转型的成效，造成资源浪费。企业在引入与应用数字技术时，必须要回归业务本质，以客户为中心，基于业务痛点思考引入数字技术的目的是什么，数字技术的业务应用场景是什么，在此基础上选择合适的数字技术。

美的集团董事长方洪波曾谈道："过去我们走过一些弯路，运用了大量的数字化工具，最后只生成一些报表。"企业在数字化转型过程中，要防止掉入数字化工具陷阱。

（4）数字化转型就是获取数据，数据越多越好。

数据是企业数字化转型的关键，但这并不意味着数据越"多"越好。三一重工在数字化转型之初，通过物联网、人工智能等数字技术，全面收集工厂内所有可收集的数据，持续推进"全量全要素数据采集"。但这不仅给三一重工带来过高的数据存储、数据管理成本，还增加了数据筛选、数据分析的难度，造成了很大的资源浪费。企业在收集数据时，应结合自身的业务需求，有针对性地收集关键数据，有目的性地通过标准化、标签化等方式处理数据，建立完善的数据治理机制，提升数据质量和价值。

（5）数字化转型由 IT 部门主导。

很多企业会让信息时代建立的 IT 部门继续主导数字化转型，这是非常不明智的。数字化转型比信息化改造要复杂得多，需要技术部门和业务部门的深层次协同配合。传统 IT 部门的职能主要集中在 IT 系统的建设与运维等方面，在企业业务层面缺乏话语权，不能有效处理各部门之间的利益冲突和沟通障碍，难以承担推动企业数字化转型的重任。因此企业在数字化转型时，要重构或新建数字化部门，在更高层次上统筹技术部门和业务部门的协同工作，有力推进企业数字化转型。

（6）数字化转型要全面铺开，快速推进。

由于数字化转型投入大、见效难、不确定性高，企业不可能同时推进所有业务、所有流程的数字化转型。企业数字化转型切记要避免盲目追求转型速度，避免战线过长、全面铺开。

企业数字化转型必须把握转型的节奏，将数字化转型分为多个阶段，从业务痛点切入，并从某个局部开始项目试点，成功之后再推广到整个企业，有序推进数字化转型，不能追求一步到位、一劳永逸，而要小步快跑、敏捷迭代，根据实际情况进行调整和优化。这样可以在每个阶段中不断学习和改进，避免一次性较大资金和人力资源投入带来的不确定性。

（7）数字化转型效果立竿见影，能带来颠覆性改变。

很多企业认为数字化转型能立马见效，能带来颠覆性的改变，但实际上数字化转型是系统性工程，投入周期长，不仅很难有立竿见影的效果，甚至短期内还可能对企业经营产生负面影响。

美的集团数字化转型前十年间投入高达120亿元，但与其高昂投资形成鲜明对比的是营收出现下滑、净利润减少。这些负面表现甚至引发了部分股东对美的集团数字化转型战略的质疑，经过持续的投入，其数字化转型效果才日渐显著。

企业不能因为没有看到数字化转型的短期成效就发生战略摇摆甚至放弃。数字化转型一定要坚持长期主义，保持数字化转型的战略耐心和战略定力，任何的犹豫或不坚定，都将直接影响数字化转型效果。

（8）数字化转型可以全盘复制别人成功经验，简单模仿即可。

每个行业、每个企业都有自身的独特性，这种独特性导致数字化转型标杆企业的经验只能参考、借鉴，不能完全复制。尤其是传统产业特征十分鲜明，技术诀窍（know-how）非常深，需要非常个性化的数字化解决方案。一些企业为图省事，找寻捷径，会全盘照搬其他企业的经验，简单模仿，结果却事与愿违，欲速则不达。

九牧洁具数字化转型负责人与我们分享："九牧是一家善于学习的企业，可以看到别的企业对我们有帮助的点，不会因为别人做得好就一定要学，而是取众家之长，融入九牧自身的基因。"企业在学习数字化转型经验时，要具备批判精神，根据自身实际情况合理吸收、利用，寻找适合自己的数字化转型道路。

第二章

怎么转：数字化转型战略地图

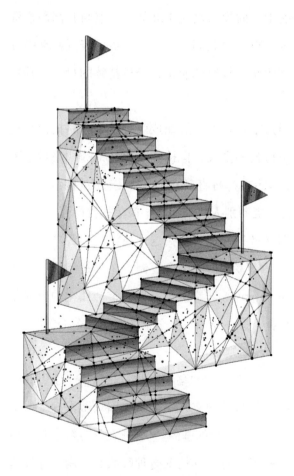

数字化转型到底该怎么转，转型的目标是什么，应从何处着手，如何一步步推进……这些都是企业数字化转型遇到的重大问题。为解决这些问题，我们独创研究出**数字化转型战略地图**，将为企业提供一幅清晰的数字化转型实践路线图，为企业数字化转型指明方向、画出路径。

一、数字化转型战略地图探寻之道

为找出企业数字化转型的内在机制与有效策略，我们对众多备受瞩目且具有代表性的数字化转型标杆企业进行细致的分析与研究，详细总结了这些企业在数字化转型过程中采取的关键举措。在此过程中，我们发现企业数字化转型的关键要素和步骤与卡普兰战略地图的理念相互印证，这为进一步深入探讨奠定了坚实的理论基础。

（1）借鉴战略地图理论。

哈佛商学院著名教授罗伯特·卡普兰（Robert D. Kaplan）和大卫·诺顿（David P. Norton）于 2004 年提出战略地图理论[⊖]，将企业战略可视化，使得企业家和管理者能够更直观地理解战略的整体框架和内在联系，如图 2-1 所示。

战略地图包括四个层面，财务层面（战略目标层面）描述了企业如何实现股东价值的持续增长，主要通过财务指标衡量；客户层面强调了客户价值在企业战略中的核心地位，只有客户层面的成功（满足客户需求、超越客户期望）才能帮助企业实现财务层面的目标；内部层面（业务流程层面）反映了企业如何通过具体的业务流程为客户创造并提供价值；学习与成长层面（无形资本层面）描述了企业如何打造人力资本、信息资本和组织资本，以支持业务流程和客户价值创造，确保企业实现财务目标、持续创造长期价值。

⊖　KAPLAN R D, NORTON D P. The strategy map: guide to aligning intangible assets [J]. Strategy & leadership, 2004, 32(5), pp. 10-17.

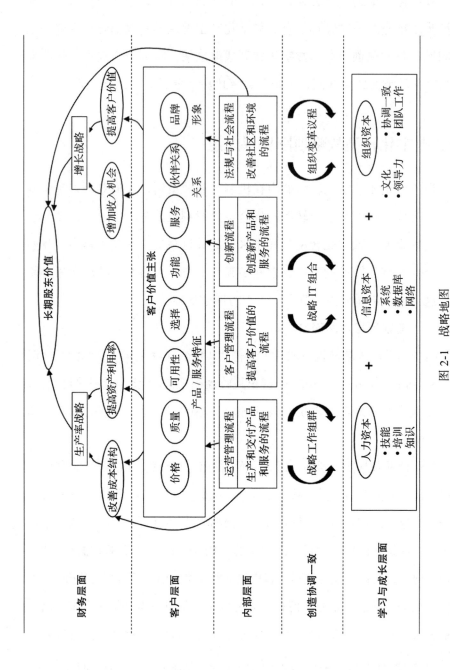

图 2-1 战略地图

资料来源：罗伯特·卡普兰、大卫·诺顿：《战略地图：化无形资产为有形成果》，刘俊勇、孙薇译，广东经济出版社 2005 年版。

这四个层面连接成一条因果关系链：自下而上，学习和成长层面中无形资本的协调一致可以改善企业内部层面中的业务流程，业务流程的改善又进一步帮助客户层面目标的实现，只有目标客户满意了，企业财务层面的目标才能实现。自上而下，企业的目标决定了企业如何看待、服务客户，客户的价值主张又决定了企业如何改善业务流程以更好地为客户创造价值，而业务流程的改善则建立在企业无形资本的基础上。这意味着，只有战略地图中的四个层面目标保持一致，企业才能很好地创造价值，实现战略落地。

（2）企业数字化转型的关键要素和步骤与战略地图高度吻合。

首先，在数字化转型的过程中，这些标杆企业都明确设立了转型的目标和方向，即"转战略"，与战略地图中明确战略目标的想法高度一致；其次，这些企业都以客户价值为转型导向，即"转客户"，与战略地图中客户层面的定位不谋而合；再次，在转型过程中，这些企业都对业务流程进行了重构，即"转业务流程"，通过内部业务流程的数字化实现客户价值和企业价值的双重提升，与战略地图内部层面做法一致；最后，标杆企业数字化转型的顺利推进，离不开技术、人才、组织、文化等无形资本的坚实支撑，即"转技术""转系统""转人才""转组织""转文化""转认知"，等等，这些完全体现了战略地图中学习与成长层面对战略的支撑作用。

因此，我们以战略地图这一相对成熟、认可度较高的理论体系为基础，通过企业调研、专家访谈等多种方式开展多案例研究，深入探索、梳理、总结数字化转型标杆企业在数字化转型方面的具体实践，构建出企业数字化转型战略地图，为企业的数字化转型提供指导和借鉴。

（3）我们研究了哪些数字化转型标杆企业？

案例研究对案例企业要求较高。我们所选的案例企业都是标杆企业，在数字化转型方面取得了引人注目的显著成效，具有极高的代表性，备受学界和商界关注；拥有较长的经营历史，与外界保持较好的沟通，便于访谈调研工作的开展及多样化资料的获取；数字化转型实践和经验具有一定的可复制性、可推广性，具有重要的借鉴意义。

经专家评估与筛选，我们最终选定了 14 家案例企业，包括中国平安、美的集团、华为、招商银行、三一重工、天虹股份、贝壳、物美、金风科技、阳光保险、九牧洁具、广联达、良品铺子和酷特智能，如表 2-1 所示。这些企业不仅在各自所属行业中具有显著的影响力，而且数字化转型实践成果突出，具有较高的研究价值。

表 2-1　样本企业

公司名称	所属行业	2023 年营业收入级别
中国平安	金融	万亿级
美的集团	家电制造	千亿级
华为	计算机、通信、电子设备制造	千亿级
招商银行	金融	千亿级
三一重工	机械制造	百亿级
天虹股份	零售	百亿级
贝壳	房地产中介服务	百亿级
物美	零售	百亿级
金风科技	新能源	百亿级
阳光保险	金融	百亿级
九牧洁具	建材制造	百亿级
广联达	软件与信息技术服务	十亿级
良品铺子	零售	十亿级
酷特智能	服装制造	十亿级以下

基于严谨性和沟通便利性的考虑，我们对其中 8 家企业进行了深入详尽的实地调研，包括美的集团、三一重工、贝壳、物美、阳光保险、九牧洁具、广联达和良品铺子。访谈调研时间为 2022 年 10 月至 2024 年 3 月，访谈对象包括样本企业的董事长、数字化部门负责人、财务负责人、人力负责人、研发负责人等。

在此基础上，我们研究团队对案例企业进行了详尽的研究分析（详见本书附录），经反复讨论、验证，形成了具有内在一致性的结论，描绘出企业数字化转型战略地图。

二、数字化转型战略地图

数字化转型战略地图包括四大层面，有两条实现战略目标的路径，如图2-2所示。

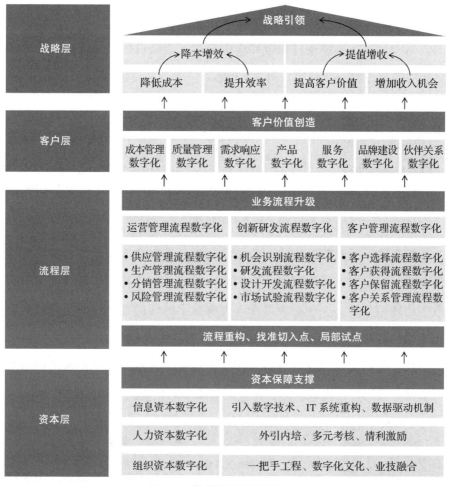

图2-2 数字化转型战略地图

1. 四大层面：战略层、客户层、流程层、资本层

数字化转型战略地图包括四大核心层面，即战略层、客户层、流程层与资本层，相互关联、互为支撑。

战略层：企业数字化转型的首要任务是确立战略目标，战略层在企业数字化转型中扮演着顶层设计、全面规划和全局引领的角色，为企业数字化转型指明方向。企业需要根据自身经营情况和外部市场环境，制定出具体的、可衡量的数字化转型目标，并落实到财务绩效上，即降本增效或提值增收。同时，为确保企业在数字化转型过程中始终保持清晰的方向和目标，避免盲目跟风和资源浪费，战略目标必须贯穿企业数字化转型的全过程。战略层如图2-3所示。

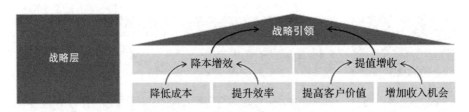

图2-3　数字化转型战略地图——战略层

客户层：企业数字化转型的最终目的是为客户创造价值，客户层确保企业数字化转型始终以客户为中心，承接数字化转型战略目标，引导数字化转型落地。企业必须要深入理解数字时代的客户价值，通过数字化手段，优化产品的成本管理、质量管理，快速响应、满足客户需求，提供数字化产品或服务优化客户体验，通过品牌建设数字化和伙伴关系数字化，提高客户忠诚度等。客户层如图2-4所示。

客户层	客户价值创造						
	成本管理数字化	质量管理数字化	需求响应数字化	产品数字化	服务数字化	品牌建设数字化	伙伴关系数字化

图2-4　数字化转型战略地图——客户层

流程层：流程层是企业数字化转型的落脚点，客户价值的创造和数字化转型目标的实现都离不开业务流程的数字化。业务流程数字化特别关注运营管理流程数字化和客户管理流程数字化，对于创新研发流程数字化，目前大部分企业主要通过数字化转型提高创新研发效率，仅有少数企业借此推出具有市场竞争力的新产品和新服务，实现提值增收（提高客户价值、增加收入机会）。至于法规与社会流程数字化，大部分企业尚未给予充分的重视，我们将不对此展开详细讨论，但相信未来随着数据隐私保护与安全法规、ESG 监管体系日益完善，预计越来越多的企业将会开始重视并投入法规与社会流程的数字化。

在业务流程数字化的过程中，企业要特别遵循流程重构、找准切入点和局部试点的原则，即必须要对业务流程进行重构；在转型推进时不宜全面铺开，而应综合考虑数字化转型的目标、业务痛点、转型阻碍等因素，精准选择切入点；并先从局部试点开始，待试点取得成功以后，再逐步迭代、优化转型方案，将转型经验复制推广至整个企业。

流程层如图 2-5 所示。

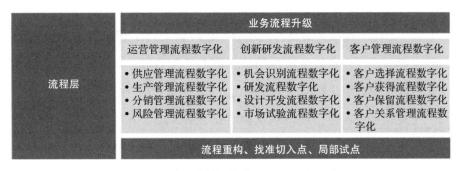

图 2-5　数字化转型战略地图——流程层

资本层：资本层是企业数字化转型的压舱石，为业务流程的数字化、客户价值的实现以及转型战略目标的达成，提供必要的信息资本、人力资本和组织资本的支撑。在信息资本数字化方面，企业应引入、应用数字技术，对 IT 系统进行重构，发挥数据作为生产要素的作用，实现数据驱动企业经营管理。在人力资本数字化方面，企业须高度重视数字化人才的引进和培养，采用多元化的考核和激励机制，激发数字化人才在数字化转型过程中的潜能。在组织资本数字化方面，应强调企业数字化转型是一把手工程，数字化文化的营造有利于企业全员形成转型共识，另外企业还需要调整组织结构，实现业务与数字技术的深度融合。资本层如图 2-6 所示。

资本层	资本保障支撑	
	信息资本数字化	引入数字技术、IT 系统重构、数据驱动机制
	人力资本数字化	外引内培、多元考核、情利激励
	组织资本数字化	一把手工程、数字化文化、业技融合

图 2-6　数字化转型战略地图——资本层

2. 两大路径：降本增效、提值增收

为实现数字化转型战略目标，有降本增效和提值增收两大路径可以选择。

对于以降本增效为战略目标的数字化转型，其转型路径可描述为：

在资本层，企业应全面推动信息资本、人力资本以及组织资本的数字化，以支撑数字化转型，为流程层、客户层的数字化提供保障。

在流程层，企业应以流程重构、找准切入点、局部试点为原则，重点聚焦于运营管理流程和创新研发流程数字化。对于运营管理流程数字化，企业应积极推动供应管理、生产管理、分销管理、风险管理等流程的数字化，以降低运营成本、提高运营效率。对于创新研发流程的数字化，企业应加强对创新研发全周期的数字化管理，减少创新研发过程中的资源浪费，提高创新研发效率。

　　在客户层，企业要推动成本管理数字化、质量管理数字化以及需求响应数字化，更快速、更高效地为客户提供价格更合理、质量更有保证的产品，这是企业实现降本增效的数字化转型战略目标关键的一环。

　　在战略层，基于以上资本层、流程层、客户层的数字化转型，企业或降低了成本或提升了效率或兼而有之，最终实现以降本增效为战略目标的数字化转型，如图 2-7 所示。

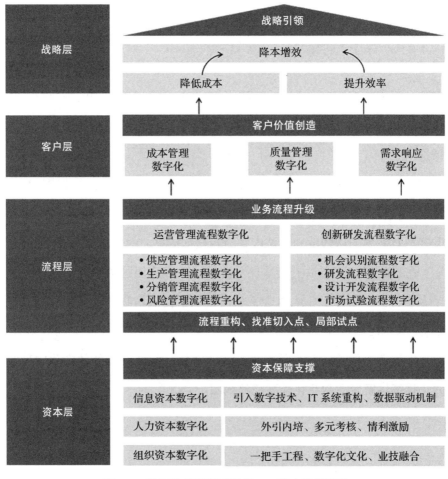

图 2-7　数字化转型战略地图——降本增效路径

而对于以提值增收为战略目标的数字化转型，其转型路径可描述为：

在资本层，同样需要全面推动信息资本、人力资本以及组织资本的数字化，以此构建数字化转型的基础。

在流程层，企业应以流程重构、找准切入点、局部试点为原则，重点聚焦于创新研发流程以及客户管理流程的数字化。对于创新研发流程数字化，企业应加强对机会识别、研发、设计开发、市场试验等流程的数字化，利用数字技术开发新的产品或服务，更好地满足多元化的市场需求，增加收入机会。对于客户管理流程数字化，企业应积极推动客户选择、客户获得、客户保留以及客户关系管理等流程的数字化，以拓展新客户或提高现有客户的价值，实现客户价值的提升或收入机会的增加。

在客户层，企业要聚焦于产品数字化、服务数字化、品牌建设数字化以及伙伴关系数字化，为客户提供具有更高附加值的产品和服务，提升客户对品牌的认知度和忠诚度，为客户创造更大的价值。

在战略层，基于以上资本层、流程层、客户层的数字化，企业提高了客户价值、增加了收入机会，从而实现了提值增收的数字化转型战略目标，如图2-8所示。

在接下来的第三章到第八章，我们将结合标杆企业的数字化转型实践，详细讲解企业数字化转型战略地图。

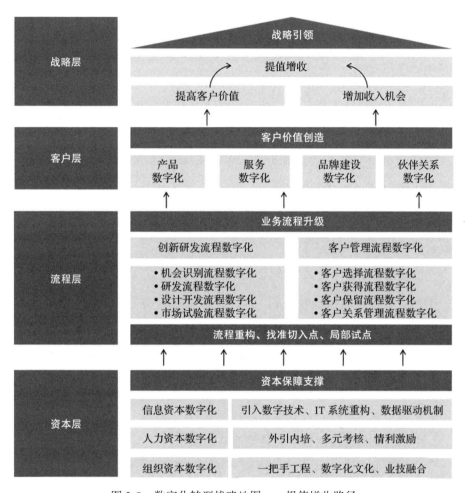

图 2-8 数字化转型战略地图——提值增收路径

讨论：数字化转型战略地图适用于中小企业吗

本书中的数字化转型战略地图是基于对各行业龙头企业的研究而凝练出来的，这些案例企业规模较大、实力较强。那么，中小企业的数字化转型可以借鉴数字化转型战略地图吗？

中小企业数字化转型的难点意味着其更需要借鉴数字化转型战略地图。

认知不到位：很多中小企业尚未意识到数字化转型的必要性，不愿意投入时间、精力和金钱去推动数字化转型。腾讯研究院的调研报告显示，对于数字化转型，有 18.5% 的中小企业正在观望中，甚至有 10.6% 的中小企业持消极态度，近半数中小企业对数字化转型的效果存疑。[一]

资源不足：数字化转型是一项需要大量资金投入且无法在短期内获得回报的工程，资金不足成为中小企业数字化转型推进的难点。同时，数字化转型需要大量数字化人才，但中小企业数字化人才不足，难以满足企业数字化转型的要求。此外，一些中小企业甚至尚未实现信息化，数字技术基础比较薄弱。

抗风险能力弱：数字化转型投入大、周期长、不确定性高，过程中中小企业更容易出现经营问题。同时，数字化转型需要对业务进行较大的变革，一旦变革失败，将给业务单一的中小企业带来致命的打击。

由于中小企业在数字化转型中，会碰到认知不到位、资源不足、抗风险能力弱的难点，它们更应借鉴数字化转型战略地图，以提高认知、借鉴经验、节约资源、有效地提升转型成果。

中小企业如何使用数字化转型战略地图？

中小企业数字化转型需要借鉴本战略地图的一些步骤，在进行数字化转型之前，首先要明确转型的目标与价值，明确转型的目标是什么，是降本增效还是提值增收，并据此更有针对性地制定数字化转型的路径规划。

确定数字化转型战略目标之后，中小企业同样需要搭建数字化基础设施，引入数字技术，这需要一些专业技术人才，还需要对组织架构进行适当的调整等。中小企业数字化转型也必然是一把手工程，需要业务人员和数字技术人员的融合，需要营造数字化文化，建立数字化思维、

㊀ 腾讯研究院：《中小企业数字化转型发展研究报告（2022 版）》，2022 年。

适应新的数字化工具和工作方式，确保数字化转型的顺利实施。

中小企业数字化转型需要实现业务流程的数字化，应借助流程重构梳理业务逻辑，并将线下业务流程逐步迁移成数字化业务流程。中小企业会面临更大的数字化转型风险，在进行数字化转型的过程中需要找准切入点，先在小范围进行试点，不断调整和迭代，形成适应企业发展的转型模式，再在全公司范围推进。

中小企业数字化转型同样需要以客户为中心，将数字技术与客户需求相结合，以数字化的方式为客户创造价值。中小企业需要通过创新的产品和服务满足客户需求，从而提升客户满意度和忠诚度。

依据以上路径，中小企业稳扎稳打、步步为营，可以节约转型成本、降低风险、保障效果。因此，企业数字化转型战略地图同样适用于中小企业。

除了依托数字化转型战略地图，中小企业还可以借助哪些外力？

（1）借助龙头企业力量。

中小企业可以融入所在行业的产业链条，在龙头企业的带动下参与"链式"转型。"链式"转型是指产业链上下游企业通力合作，在一个产业链中，核心企业发挥关键带动作用，通过开放平台和数据资源与中小企业开展合作，提升上下游协同效率，降低中小企业转型成本，带动中小企业融入数字化应用场景和产业生态。

（2）巧用第三方数字化工具。

中小企业技术基础差，资金、人才紧缺，完全依靠自己进行数字化转型难度大、风险高。很多数字化转型服务商聚焦中小企业转型痛点、难点，提供"小快轻准"的产品和解决方案，利用这些产品工具，中小企业能够减少转型成本，降低转型难度。腾讯研究院调查显示中小企业应用 SaaS 软件服务较多，其中客户关系管理（CRM）系统、企业资源计

划（ERP）系统、客户体验管理（CEM）系统、供应链管理（SCM）系统等软件有较多的应用。[⊖]

（3）寻求政府支持。

我国各级政府都积极支持中小企业数字化转型，出台相应的扶持和激励措施，不仅向中小企业提供资金支持，为数字化转型的中小企业提供补贴、税收减免等优惠政策，缓解其财务风险；还不断完善数字化配套服务，提供人才、咨询、培训等公共服务，为中小企业数字化转型保驾护航。同时，一些地方政府积极搭建数字化转型基础设施，加快中小企业数字化转型进度。中小企业应及时了解和学习相关政策，利用政策利好，抓紧推进数字化转型。

⊖ 腾讯研究院：《中小企业数字化转型发展研究报告（2022版）》，2022年。

第三章

转战略：确定数字化转型战略目标

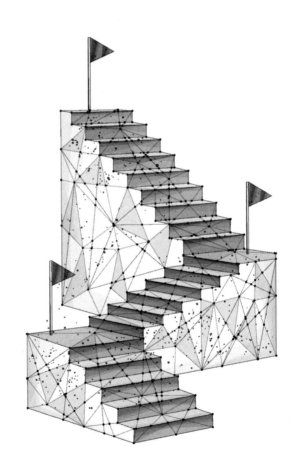

美的集团将"全面数字化、全面智能化"作为公司核心战略，三一重工将数字化作为第一大战略，阳光保险将"数据科技"上升至集团战略，九牧洁具将"智能化产品＋智能化制造"定位为公司首要战略……不仅这些企业，我们研究发现所有数字化转型标杆企业都坚定地将数字化转型上升到公司层战略，以推动企业整体转型。并且，为了确保数字化转型战略的顺利实施，这些企业还会进一步制定符合自身特点的数字化转型战略规划，明确"在哪里""去哪里"以及"怎么去"，即认清自身的数字化现状，明确数字化转型的愿景与目标，并制定详尽的实施方案，如图 3-1 所示。

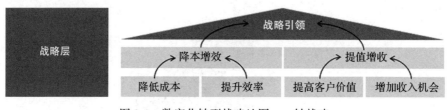

图 3-1　数字化转型战略地图——转战略

那么，为什么数字化转型必须是公司层战略转型？企业如何制定数字化转型战略？如何选择战略目标，是选择降本增效还是提值增收？战略规划又该如何实施落地呢？

一、为什么数字化转型必须是公司层战略转型

我们知道企业战略可以被划分为三个层级：公司层战略、业务层战略和职能层战略。[一]具体来说，公司层战略是企业最高层次的战略，决定了企业整体的发展方向和长远目标，公司层战略一旦确立，企业必须合

[一]　王勇：《企业成长之道》，清华大学出版社 2021 年版，第 58 页。

理配置战略实现所必需的资源，集中资源投入，保证战略目标的实现。业务层战略则是指各业务单位将公司层战略所包含的企业目标、发展方向和措施具体化，并转化形成各业务单位具体的竞争与经营战略。职能层战略是企业为实现公司层战略和业务层战略而对各职能活动的方向、目标、政策和指导原则进行的系统谋划，包括市场营销战略、财务战略、生产战略、研发战略、人力资源战略等。

三一重工创始人梁稳根在谈到数字化转型时，说出了"不翻身就翻船"的名言，清晰地将数字化转型作为公司层战略。广联达创始人刁志中提出"宁可转型升级死，绝不因循守旧活"，明确了数字化转型的战略意义。实际上不仅是以上两家公司，所有的数字化转型标杆企业都将数字化转型作为公司层面的重大战略，来统领业务层战略和职能层战略，以有效推进数字化转型战略的实施。

那么，为什么数字化转型必须是公司层战略呢？

第一，数字化转型作为企业长期战略，需要在全局规划下推进。企业数字化转型不是简单的技术引进，也不是某个部门或某个业务的转型，而是要实现所有业务、所有流程的数字化。因此，企业必须从全局视角出发，有效地、系统地规划转型路径，合理分配有限的资源，以统筹推进整个企业的数字化转型。

广联达创始人刁志中坚信要进行数字化转型，只有站到全局视角，全面审视整体业务流程和公司经营体系之间的内在联系，才能有效地实现业务流程的线上固化，从而推动企业数字化转型的进程。同样，阳光保险也强调，在数字化转型工作中，需要建立全局性思维，以全局的视角对企业全域系统或流程进行整体优化，这既需要底层技术体系的支撑，又需要在组织层面建立自上而下的协同机制，进而破除部门墙和数据壁垒，实现跨部门的系统互通和数据互联。

第二，将数字化转型战略定为公司层战略，有利于企业统一、明确、坚定数字化转型信念，减小数字化转型阻力。数字化转型是一项长期且复杂的系统工程，具有极高的不确定性。将数字化转型作为公司层战略更能够彰显企业对数字化转型的坚定决心，使全公司在思想层面形成共识，为各个部门和业务单元提供明确的方向，使员工能积极参与、配合，减小转型阻力，确保转型顺利进行。

三一重工通过将数字化转型战略提升到公司层战略的高度，表明了数字化转型的决心，为转型指明了方向，使所有员工都能意识到数字化转型的重要性和必要性，确保了转型的顺利进行。广联达创始人刁志中在接受我们访谈时表示："数字化转型一定是大势所趋，是今天的必选题，我们必须得下决心去做，不要再存侥幸心理，而且要建立对于转型的客观认知，否则后面碰到挫折可能还会动摇。"数字化转型战略的提出，不仅为广联达指明了前进的方向，更在公司层面上确立了其核心地位，统一了思想认识，增强了全员对转型的认同感和紧迫感，有效地减小了转型过程中可能遇到的阻力，确保了资源的集中投入和战略的高效执行，为企业数字化转型的成功奠定了坚实的基础。

实践证明，把数字化转型定位为公司层战略对企业数字化转型起到重要作用。红杉的调研显示，在制定了公司层数字化转型战略的受访企业中，超过90%的企业认为数字化转型实践效果达到预期，其中20%表示远超或优于预期效果；而在仅仅制定了部门级数字化转型战略的企业中，实践效果远超或优于预期效果的比例仅为11%，甚至有超过15%的受访企业认为数字化转型效果不及预期效果[⊖]。

⊖　红杉中国：《2021企业数智化年度指南》，2021年。

二、如何制定数字化转型战略——战略三问

制定企业数字化转型战略可以采取"战略三问"的方法，依次搞清楚在哪里、去哪里、怎么去三个问题，即评估自身数字化现状，确定数字化转型的愿景、目标，规划具体的实施方案。

1. 一问：在哪里——评估自身数字化现状

在制定数字化转型战略时，企业必须先对自身的数字化水平及能力进行全面的评估，要清晰地认识到"目前所处的位置"，找准自身的短板和痛点，以形成更有针对性的方案，确保转型战略贴近企业实际。

华为在数字化转型之初设计了一套全面的数字化转型成熟度评估体系，涵盖了战略决心、业务重构、数字能力和转型保障四大方面。以该体系为基础，借助访谈、问卷和线上调查等多种调研方法，华为全面评估、分析彼时各业务的数字化转型能力成熟度，综合判断华为彼时的数字化现状。

广联达在评估自身数字化现状时，参考了华为的数字化转型成熟度评估体系，通过深入分析市场洞察、战略意图、业务设计、创新焦点等多个角度，评估自身的业绩差距和数字化转型机会差距，为制定具体的数字化转型战略规划打下了基础。

企业还可以借鉴外部咨询、研究机构等提供的评估方法，如中国信息通信研究院（以下简称"中国信通院"）联合各行业龙头企业制定的IOMM标准（Enterprise Digital Infrastructure Operation Maturity Module，即企业数字化成熟度模型）、普华永道企业数字化成熟度评估框架等。中国信通院的IOMM标准从六大能力（战略全域化、管理精益化、业技融合化、数据价值化、平台云智化和生态聚合化）和六大价值（管理模式

优化、业务运营提升、市场价值增强、生态链接拓展、发展动能强韧和商业内核升级）的角度对数字化成熟度进行评估，并将成熟度分为积极探索级、单元实践级、领域创新级、全面转型级和鼎新引领级五级。

普华永道企业数字化成熟度评估框架从六个维度进行评估：①数字化战略，从企业的战略规划和投资等角度衡量企业推行数字化的决心和力度；②数字化业务应用，用于评估企业各个业务条线使用数字化的程度；③数字技术能力，即评估企业是否具备先进的、足以支撑企业未来数字化应用的 IT 架构，以及相应的技术组织能力，如新技术人员、数字技术、组织结构和运作方式等；④数据能力，即企业应用数据分析进行业务决策的程度，包括数据可得性和数据分析能力；⑤数字组织能力，即企业采取怎样的组织机制、流程、文化、员工技能等，来支持企业数字化转型和运营工作；⑥变革管理，即企业推进数字化转型的机制是否成熟，包括数字化治理模式、变革管理人员技能等。⊖

这些数字化成熟度评估模型、框架为企业评估数字化现状提供了有力的支持，助力企业精准地评估自身数字化发展水平和成熟度，从而能够帮助企业制定更加科学、合理的数字化转型战略规划。

值得注意的是，企业在评估自身数字化现状时，还应注重将评估结果与行业数字化转型趋势及数字化转型实践标杆企业进行对照分析，进一步明确自身状况。

九牧洁具认为一个企业不可能在每个领域都是最领先的，为此九牧洁具秉持"精准对焦，学习榜样"的原则，致力于在营销、研发、制造等各个环节寻找最优秀的数字化转型榜样进行对标。一旦发现某企业在数字化转型的某个方面做得非常出色，九牧洁具就会积极对标、寻找差距、汲取经验，以此推进自身的数字化转型。

⊖　普华永道思略特：《普华永道：企业如何进行数字化战略转型》，2020 年。

良品铺子在评估数字化现状时，从多角度分析自身与行业数字化转型标杆的差距。起初，良品铺子认为自身的数据应用已能满足日常的辅助决策需求，但与行业标杆对比，良品铺子发现其实自身的数据基础设施并不完善，缺少对数据的全面分析、解读、应用等环节，未能形成完整的经营分析体系，将难以支撑产品研发、供应链管理、客户消费洞察等业务流程的数字化。良品铺子从而进一步对自身的数字化现状有了更清晰的认识，为数字化转型战略的制定建立了扎实的基础。

因此，企业在进行数字化转型时，要全面审视自身的数字化水平，通过多维度的评估，准确地识别出数字化转型中的优势和不足，进而制定出更加精准和有效的转型战略。

2. 二问：去哪里——明确数字化转型战略目标

企业数字化转型的战略目标体现在财务绩效上，可以概括为降本增效和提值增收。降本增效聚焦于通过数字化转型降低成本、提升效率；提值增收致力于通过数字化转型提高客户价值、增加收入机会（见图 3-1）。数字化转型战略目标决定了企业数字化转型的方向、目的和路径。

数字化转型标杆企业往往都是选择一个目标作为其数字化转型的主要战略目标，以避免目标分散导致战略不聚焦，规避数字化转型风险。三一重工主要希望通过数字化转型实现内部供应、生产等环节的成本降低和效率提升，践行降本增效战略；贝壳在数字化转型中，明确将增加商机、提高市场占有率作为其核心战略目标，践行提值增收战略。

降本增效战略目标

顾名思义，降本增效战略目标可以通过两条途径来实现，一是降低成本，二是提升效率。

（1）降低成本。

随着竞争加剧，一方面价格战频发，另一方面运营成本不断上涨，因此，有效降低成本成为一些企业数字化转型的首要战略目标。

数字化转型前，物美一直面临着人工、租金、供应链等成本不断上升的压力，以及线上、线下激烈价格战带来的不利影响，亟须通过数字化转型重塑采购、销售等流程，降低运营成本，建立竞争优势。物美首席运营官（COO）于剑波表示："进入数字化时期，实体店和供应链的经营、效率、成本、服务、体验都要改变，不改变就退出历史舞台。"

2014年物美全面开启数字化转型。创始人张文中带领物美转战线上，主导搭建分布式电商——多点DMALL，构建数字化运营体系，包括数字化的会员管理、商品管理、门店运营等，推进端到端的全面数字化转型，致力于实现线上线下一体化，借此降低运营成本。就降低人力成本而言，仅电子价签这一项改变就帮助物美单店省下约6个人的人力成本；自动补货系统上线后，每100家物美门店可以减少60个补货操作员的成本，物美通过数字化转型在降低成本方面取得了显著成效。

金风科技同样将降低成本作为数字化转型的战略目标。数字化转型前，其在产品生产、运维方面耗费大量的人力、物力、财力，成本居高不下。2014年，金风科技正式启动数字化转型，利用数字技术构建数字化风电场整体解决方案，推动风电场的规划建设、精细化运营、资产管理等各环节的全面数字化转型，以此降低企业的成本费用率。截至2020年，金风科技通过数字化转型显著降低了成本，管理费用率从2017年的9.84%下降到2020年的3.17%，销售费用率从2017年的20.55%下降到2020年的11.31%，显著改善了金风科技的经营绩效。

（2）提升效率。

数字化转型可以帮助企业将以往长期积累的宝贵经验转化为可量化、可存储、可传递的数字化资源，为企业提供即时洞察，使得企业精细化、动态化管理成为可能，显著提升企业的生产运营效率、决策效率。

三一重工也将提升效率作为数字化转型的战略目标。三一重工传统的产能分析流程冗杂烦琐，整个决策过程效率低下，通过数字化转型，三一重工实现了从传统经验驱动到数据驱动的转变，提高了运营效率、决策效率，不断优化生产制造工艺和生产效率。2019年，三一重工决定将位于长沙产业园的"18号厂房"打造成工程机械行业"灯塔工厂"的标杆，通过一系列数字化改造，该工厂于2022年已实现产能扩大123%、生产率提高98%，大大提升了经营绩效。

美的集团将提升企业运营效率作为数字化转型的核心战略目标。2012年之前，美的集团是一个高度分权的组织，各事业部的流程、管理方式以及数据等自成体系，全集团100多套IT系统高度离散化，导致整个集团运营效率并不理想。为了改变这一局面，美的集团于2012年启动数字化转型，率先实施632项目，在整个集团内部统一流程、统一数据、统一系统。随后，美的又重构了分销、制造、研发等业务流程，进一步提升了企业运营效率。2022年，美的集团进一步公布"数字美的2025"战略，该战略包括业务在线化、数字驱动运营和智能化决策等，进一步通过数字化转型提高企业运营效率和决策效率。通过数字化转型，美的集团的库存周转率从4次/年增长到17次/年，生产端劳动效率提高了28%，运营效率得到了极大提升。

○ 指6个运营系统、3个管理平台、2个技术平台。

提值增收战略目标

提值增收一方面是提高客户价值，另一方面是增加收入机会。

（1）提高客户价值。

提高客户价值是指增加来自现有客户的收入。数字经济时代，企业经营正逐步从以产品为中心转向以客户价值为中心，企业可以通过数字化转型，加强现有客户的黏性，深度满足现有客户的需求，优化客户体验，提升客户满意度，实现收入增长。

招商银行将提高客户价值视为数字化转型的核心目标，通过数字化转型更好地理解、预测客户需求，有针对性地推出个性化服务、创新性产品，提升客户满意度和忠诚度，进而提升整体客户价值。2018 年，招商银行首次提出以 MAU（月活跃用户）作为"北极星"指标，牵引招商银行从业务发展到组织体系、管理方式、服务模式，再到思维、理念、文化和价值观等全方位的数字化转型。通过数字化方式提升客户运营的有效性，不断增加客户黏性，带动 AUM（管理零售客户总资产）稳健增长，有效提高客户价值。

广联达数字化转型的核心目标也是提高客户价值。随着行业增长放缓，广联达难以继续靠市场规模的扩张实现自身的增长，销售一次性软件产品的商业模式也限制了对现有客户价值的深度挖掘和充分利用。面对这些挑战，2015 年广联达宣布从传统的工具软件供应商转变为数字建筑平台服务商，开启数字化转型。广联达围绕"提高客户价值"这一目标，构建了客户成功指标体系，以量化的方式明确了核心价值业务与客户成功之间的关系，如图 3-2 所示。该体系不仅精准对接客户，更打通了公司内部前中后台的各个环节，推动了研发、营销、服务、财务等多方面的数字化转型，更好地满足了客户的期望。广联达的数字化转型在提高客户价值方面已取得了显著成果，截至 2022 年，成功将用户感知效率提升了 20%～30%，客户整体满意度达到 88.1 分，其中客户对服务的满意度更是达到 90 分，对产品的满意度也达到 87.5 分，成功打破了增长的瓶颈，实现公司长期稳健增长。

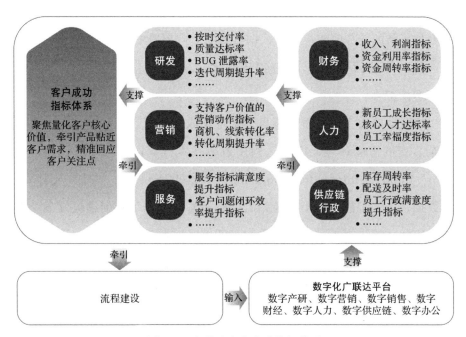

图 3-2　广联达客户成功指标体系

资料来源：广联达 2022 年 ESG 报告。

（2）增加收入机会。

增加收入机会是指企业增加新的收入来源、创造新的盈利模式甚至是新的商业模式。很多企业将此作为数字化转型的目标，希望通过数字化转型，拓展现有产品或服务，或创造新的产品或服务，为企业带来新的收入机会，实现业绩的持续增长。

面对传统房产经纪模式的种种挑战，贝壳选择以增加收入机会为目标进行数字化转型。随着互联网技术的迅猛发展，链家作为一家传统的线下房产经纪企业，面临着来自新兴线上房产经纪企业的重重竞争压力。

为了适应市场变化，探索新的商业机会，满足消费者日益增长的线上看房需求，进一步提升市场占有率，链家果断地启动了数字化转型战略。链家数字化转型的重大举措是创建了贝壳，不断利用大数据、人工智能等数字技术逐步实现产品和服务的创新，重构业务模式和服务流程，显著增加了新的业务收入机会。根据贝壳的上市招股书，其2017年、2018年、2019年的营业收入分别为255亿元、286亿元与460亿元，呈现稳健的增长态势。

广联达的数字化转型目标也包括增加收入机会。面对建筑行业日益复杂多变的市场环境，广联达利用数字技术推动产品和服务创新，将BIM（Building Information Modeling，即建筑信息模型）技术与云计算、大数据、人工智能等前沿科技结合，打造了一系列创新的解决方案。例如，广联达推出智能项目管理平台，能够实时监控工程项目的进度、成本和质量，帮助建筑企业实现更高效、精细化的管理。同时，广联达还利用大数据分析技术，为建筑企业提供市场趋势预测、项目风险评估等服务，帮助企业做出更加明智的决策。在数字化转型的推动下，广联达的业绩实现稳步增长，营业收入从2012年的10亿元增长到2021年的60亿元，实现了5倍的增长。

3. 三问：怎么去——规划数字化转型战略实施方案

通过评估数字化现状、设定数字化转型战略目标，企业明确了"在哪里"和"去哪里"的问题。接下来企业就需要解决"怎么去"的问题，即规划数字化转型具体实施方案。在制定数字化转型战略规划时，一把手和主要管理人员需要深度参与，初期也可以借助外部专业咨询机构的力量来制定。值得注意的是，企业数字化转型并不是一步到位的，企业需要制定分阶段的转型战略规划。在制定具体转型方案时，企业可以参考数字化转型战略地图，从客户层、流程层和资本层的角度进行规划。

数字化转型战略规划需要一把手及主要管理人员的高度重视。

我们注意到，数字化转型具体实施方案的制定不仅需要企业一把手的深度参与，还需要各业务部门负责人的积极配合。贝壳创始人左晖与CEO彭永东，亲自下场、亲力亲为，与团队共同制定数字化转型的流程规则，并主导负责数字化转型的核心项目，确保数字化转型方案的落地。彭永东说道："每次制定规则都需要一把手进行反复推导、演算，深度考虑数字化细节，比如页面布局、信息点摆放，等等。"同样，中国平安一把手马明哲也亲自带队，联合集团企划、财务和平安科技等多个部门及子公司，共同制定详尽且缜密的数字化转型项目规划和实施路线图，确保数字化转型能够顺利推进。

数字化转型战略规划应在借助外部力量的基础上自主制定。

并非所有企业在转型初期就具备独立制定全面、具体的实施方案的能力。因此，许多企业选择引入外部咨询机构，借助其专业建议来指导数字化转型。而后期，随着数字化转型的深入，企业通常会逐渐减少对外部咨询机构的依赖，推动自主决策、规划和管理，量身定制更符合自身实际情况和需求的数字化转型实施方案。

在良品铺子数字化转型初期，IBM 协助其进行信息化规划和 IT 系统的搭建；后期，良品铺子自主研发 IT 系统，自主制定实施方案。类似地，贝壳在早期也引入 IBM 进行 IT 系统重构和流程固化，随着数字化转型的推进，贝壳逐步将 IBM 团队的成员纳入内部，减少对外部咨询机构的依赖。九牧洁具认为咨询公司往往很难在短时间内全面深入地了解企业的实际情况，很难迅速掌握其核心业务的商业逻辑，因此在数字化转型中，特别在现阶段（后期），九牧洁具非常重视自身战略团队在数字化转型战略规划中的重要作用。

数字化转型战略规划可分阶段实施。

转型初期，企业也不必急于制定一步到位的长期实施方案。相反，随着外部环境的不断变化以及企业自身的不断发展，数字化转型战略实施方案也需要相应地进行动态调整，不断地进化迭代。数字化转型标杆企业更倾向于将长期规划与短期实施方案巧妙结合——首先明确一个长期的大方向，紧接着制定一系列短期的、更为具体的实施方案，以提高数字化转型与企业当前发展阶段的匹配度。

中国平安战略规划围绕数字科技与金融业务融合，历经数字技术辅助业务、数字技术与业务平等融合、数字技术发挥主导作用引领业务发展三个阶段。美的集团的数字化转型规划分为五个阶段，每阶段都有一个面向未来的非常清晰的战略目标：2012～2015 年聚焦 632 项目；2015～2016 年聚焦移动化、大数据和智能制造；2016～2017 年实施以数据驱动的 C2M 客户定制；2018～2019 年推进工业互联网；2020 年以后，实现"全面数字化、全面智能化"。广联达则在对外的"数字建筑"和对内的"数字广联达"两大战略方向下，坚持"看九年、想三年、做一年"的长短期结合的战略规划，围绕企业变革和发展，在思想、方法和工具三个层面上形成了一套成熟的战略思维。

数字化转型战略具体可从客户层、流程层、资本层进行规划。

在客户层，企业要紧紧围绕客户价值制定数字化转型实施方案，包括但不限于运用数字技术实现成本管理数字化、质量管理数字化、需求响应数字化、产品数字化、服务数字化、品牌建设数字化、伙伴关系数字化等。

在流程层，企业需要围绕"通过数字化转型优化内部流程，为客户创造更大的价值"来制定数字化转型的实施方案。在此过程中，企业需要先找到生产、营销、研发等业务流程的关键点，以此为切入点进行流程重构，实现业务流程的数字化；在落地过程中，企业最好以试点的方式进行推广。

在资本层，企业需要围绕"建设数字化信息资本、构建数字化人才资本、搭建数字化组织资本"展开，以保障数字化转型的推进。

讨论：ESG 可以成为企业数字化转型的战略目标吗

企业数字化转型的战略目标不仅可以聚焦于降本增效、提值增收，同时也可以包括 ESG（环境、社会和公司治理）目标，以实现商业价值和社会价值的统一。

根据 BCG（波士顿咨询集团）的《2021 年全球数字化转型调查》报告，ESG 开始成为一些企业在数字化转型中考虑的目标之一。特别是对于材料制造、汽车、能源等行业的企业，ESG 开始成为其数字化转型中优先考虑的战略目标。[一]

在中国，随着"双碳"目标等政策的出台，ESG 逐渐成为企业追求的价值目标，越来越多的企业尝试利用大数据、云计算、人工智能、物联网、区块链等数字技术改进生产工艺流程、提高设备运转效率、提升生产管理的精准性，以实现节能减排，承担可持续发展的社会责任。尤其是石油、石化、电力等传统能源企业作为节能减排的主力军，更应将 ESG 作为数字化转型重要战略目标。

金风科技董事长武钢曾公开表示："数字化转型加速了可再生能源规模化发展，低碳、绿色已成为全球能源体系变革的唯一目标。在数字化背景下，金风科技将打造可负担、可靠、可持续的未来新能源体系。"为了实现这一目标，金风科技不仅积极推进自身的数字化转型进程，还基

[一] BCG：《2021 年全球数字化转型调查》，2021 年。

于自身的转型经验，打造数字化的产品和解决方案，赋能其他企业。金风科技推出"三减碳＋一平台"的零碳解决方案，通过数字化碳管理平台，在用能侧、供能侧和交易侧减碳，实现贯穿全过程的能源管理和碳排管理，为企业提供碳减排的最具经济性的路径，帮助更多能源企业实现绿色低碳转型。

除能源密集型企业外，数字化转型也可以帮助一些零售企业实现ESG目标。物美创始人张文中认为，数字化转型不仅是一个提升效率和效益的工具，更是实现ESG目标的重要途径。通过部署DMALL OS数字化系统，物美能够更好地管理从冰箱到照明等各个环节的设备，并将智能能源系统广泛应用于大量的冰柜和冷链设施中，显著减少能源消耗，据其估算，数字化的智能能源系统能实现降耗30%。

由此可见，数字化转型不仅可以实现企业降本增效和提值增收的目标，还可以促进企业实现ESG目标。企业可以通过数字化转型实现财务绩效和ESG责任的双重目标。

第四章

转客户：以数字化转型为客户创造价值

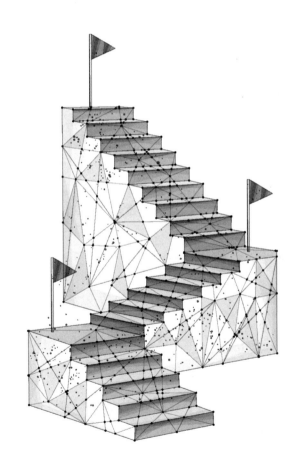

数字时代下的企业为客户创造价值的过程或方式与之前相比有什么变化？企业如何通过数字化转型更好地为客户创造价值？在数字化转型过程中常被提及的"以客户为中心进行转型"又意味着什么？

管理大师彼得·德鲁克指出，企业的终极目的是创造客户，即企业经营需以客户为中心，从客户需求出发，为其创造所需的价值⊖。数字化转型亦是如此，企业数字化转型如果不以客户为中心，不围绕为客户创造价值进行，就会面临失败的风险。

企业在数字化转型过程中，需要借助数字技术，推动成本和质量管理数字化，为客户提供更加价低质优的产品；需要借助数字技术，优化客户需求响应流程，更高效地服务客户；需要借助数字技术，推出新的数字化产品及服务，满足客户数字时代下的新需求；需要借助数字技术，打造品牌，提高品牌知名度；需要借助数字技术，管理客户关系，提升客户忠诚度……如图 4-1 所示。

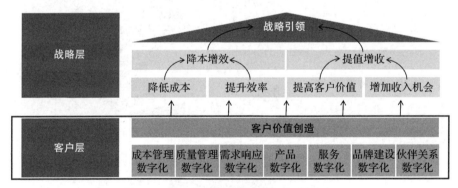

图 4-1　数字化转型战略地图——转客户

总之，企业在数字化转型的过程中，必须积极采用数字技术，不断创新客户价值创造的方式、方法，以实现客户价值的最大化，推动企业的持续成长和成功转型，从而在激烈的市场竞争中占据有利地位。

⊖　DRUCKER P F. The practice of management [M]. New York: Harper & Row, 1954.

一、数字时代的客户价值创造

客户价值是指客户在购买产品或服务时所能获得的价值感受，不仅包括产品价格、产品功能、产品质量，更包括需求响应时间、服务体验、品牌、与企业之间的关系等多个方面。客户价值的高低很大程度上决定了客户的购买决策和品牌忠诚度。

数字时代，客户价值的本质并未发生巨大的变化。发生变化的是，客户对产品的价格、质量、需求响应时间等有了更高的要求；对产品全生命周期的数字化服务以及与企业共创等有了新需求。

这就要求企业在数字化转型过程中必须借助数字技术，转变为客户创造价值的过程及方式，完成从传统的客户价值创造到数字化客户价值创造的转变。

我们可以借助数字原生企业的做法，进一步理解数字时代中的客户价值创造。阿里巴巴、字节跳动、SHEIN 等企业，不断应用数字技术，推动客户价值创造过程、方式的数字化，重新定义了数字时代下的客户价值创造。

阿里巴巴利用多种数字技术，将消费者需求与商家商品精准匹配，减少商家过剩生产和库存积压，降低商家生产成本，从而为商家降低产品价格提供空间；不断筛除劣质商家和劣质产品，持续优化平台上商家和产品的质量；持续优化客服响应流程、订单处理流程，不断缩短客户需求响应时间；为消费者提供定制化产品，满足个性化需求。特别是阿里巴巴"淘宝众筹"平台还邀请消费者参与到新品的早期开发和测试中，与消费者共同创造价值。

字节跳动的成功也归功于数字化客户价值创造，借助数字技术，字节跳动推出了众多差异化的数字化产品。例如今日头条、抖音等应用，都是通过算法分析，根据用户偏好精准地向用户定向推送内容。基于人工智能技术，字节跳动的智能客服能够快速识别用户问题，并通过预设的FAQ（常见问题解答）、多轮对话、无缝转接至人工客服等方式，优化用户的互动体验。此外，字节跳动非常鼓励客户在开放平台上共同参与内容创作、产品升级等，力求通过各个层面的数字化为用户提供更多的价值。

SHEIN 通过分析 Google 趋势、社交媒体热点等数据，精准预测颜色、款式等流行趋势，提前小批量生产，快速推出产品，减少库存积压，缓解过剩生产问题，从而向客户提供更低价的产品。通过使用用户评价系统收集用户反馈和市场数据，SHEIN 可以快速识别产品质量问题和改进点，迅速与供应商沟通调整，快速迭代产品，提升产品质量。若 SHEIN 发现某款衣服在社交媒体上迅速走红，则可利用自身敏捷、高效的数字化供应链系统，迅速筛选出最适配的供应商，在几天内完成从产品设计到发货的全过程，迅速将消费者需求转化为实际产品。此外，SHEIN 在 app 上提供 3D 设计、虚拟试衣等多种功能，帮助客户更快地选择适合自己的商品。SHEIN 还通过社交媒体和在线社区举办设计大赛，邀请客户提交设计想法，并将受欢迎的设计投入生产，给予设计者一定的奖励或认可，实现与用户共创。通过这些策略，SHEIN 不仅提高了运营效率和市场响应速度，还通过直接与消费者互动，加深了对市场的理解，进而提供更符合消费者期望的产品和服务，更好地为客户创造价值，成为在线快时尚零售行业的领先者。

华为的任正非、贝壳的彭永东等都非常强调通过数字化转型创造客户价值。任正非指出，数字化的重点是如何将数字技术融入业务，从而更精准、有效地服务客户，更全面、直接地提升产品质量和优化客户体验，公司应该把创造客户价值作为目标，作为贯穿企业数字化转型始终的价值观。彭永东认为，数字化思维的本质是关注人，也就是关注客户体验，商业的本质也是为客户创造价值，数字化转型的过程中，企业需要将数字化的价值和商业的本质结合在一起，并不断迭代，不断为客户创造价值。

二、客户价值创造数字化的七种路径

企业通过成本管理数字化、质量管理数字化和需求响应数字化，能够更加高效、快速地为客户提供价格更低、质量更高的产品和服务；通过产品数字化、服务数字化、品牌建设数字化以及伙伴关系数字化，能够为客户提供个性化、智能化的产品和服务，提升客户对品牌的认知度和忠诚度，并与客户共创，建立良好的伙伴关系，从而提升客户价值、增加收入机会。

1. 成本管理数字化

数字时代下，买卖双方的信息不对称程度大幅降低，产品或服务的价格越来越透明，越来越多客户开始寻求同等功能下价格更低、更具有性价比的产品或服务。为了满足这一客户价值需求，企业需着手进行成本管理的数字化。

传统成本管理主要集中在对直接成本的控制上，如直接材料成本和直接人工成本，而忽视了产品整个生命周期中的其他潜在成本，不够精细和全面。成本管理数字化通过数字技术，实现对研发、管理、销售等所有与产品全生命周期相关的成本数据的精细化管理，显著提升成本控制的精确性和时效性。此外，成本管理数字化也使得企业能够对成本数据进行深入分析，从而发现潜在的成本节约机会。

三一重工十分注重成本管理数字化。以降低采购成本为例，借助 GSP

数字平台，三一重工实现了对全球 3000 多家供应商的数字化管理，与供应商实时同步采购需求和采购流程，更快速、更精准地完成原材料和零部件的采购，显著降低了采购环节的时间成本和人力成本。通过这种方式，三一重工获得显著的降价空间，进而能为客户提供更具价格优势的产品。

　　数字化转型之前，九牧洁具面临的一大挑战就是各产品线之间缺乏物料共享机制，导致大量物料囤积，生产资源浪费，生产成本居高不下，也削弱了九牧洁具产品在市场上的竞争力。通过推进成本管理数字化，引入 IPD（集成产品研发系统）后，九牧洁具以研发为起点，实现了各产品线物料的协同共享，即使是外观和功能迥异的产品，也能够共享零配件和模块，显著减少了物料库存，降低了生产成本。九牧洁具能够提供更具吸引力的价格，满足了客户对高性价比产品的需求，从而在激烈的市场竞争中占据有利地位。

2. 质量管理数字化

　　随着消费者的成熟，他们对产品质量的要求越来越高，为了在激烈的市场竞争中获得优势，越来越多的企业开始推进质量管理的数字化，用更高质量的产品或服务吸引客户、满足客户的需求。

　　传统质量管理依赖人工操作和经验判断，侧重事后检查和纠正，通常在产品生产完成后进行质量检验，以确保产品符合既定标准，难以实时监控和预防质量问题的发生。此外，传统质量管理往往基于历史数据和经验，出现判断失误的可能性相对较高。

　　质量管理数字化则强调利用先进的数字技术，对生产数据进行智能采集、分析、预警、管控、预测和决策，实时进行质量管理，提高质量管理的效率和准确性，增强对潜在质量问题的预测能力，加快响应速度。此外，质量管理数字化还显著提升了产品质量的可追溯性，进一步满足消费者对产品从源头到终端的全流程质量控制的需求。

金风科技将数字技术引入产品质量控制、检测领域，利用射频识别（RFID）技术、产品质量先期策划（APQP）管理系统等，将客户需求、产品质检等指标引入产品生产的各个环节，提高产品质量检测的精度，不放过任何一件质量不合格的产品，大大提高了产品交付质量。

美的集团实现从传统质量管理向数字化质量管理的跨越。通过实施对数据智能分析、预警、管控、预测和决策的智能质量管理模式，美的集团实现了产品质量的精细化管理，在确保产品质量符合标准要求的基础上，为客户提供绿色、安全、智能、易用、耐用的优质产品。

数字技术在及时发现和解决产品质量问题、降低不良率方面发挥着关键作用，通过质量管理数字化，企业能够为客户提供更高质量的产品，从而在市场竞争中占据有利地位。

3. 需求响应数字化

需求响应是企业适应市场变化、满足客户需求的关键能力。传统需求响应往往基于历史数据和经验，导致企业响应速度较慢，决策周期长，可能错过市场机会。此外，传统需求响应在客户参与度、个性化服务等方面也存在局限性。

与传统需求响应不同，数字化需求响应能够实时收集和分析大量数据，提供更准确的市场需求预测；快速识别市场变化并迅速做出响应，提高了决策的时效性。同时，企业可以通过线上、线下多种渠道更加快速、有效地连接并触达客户，客户也可以参与到需求反馈和决策过程中，这在优化企业运营效率的同时，提高了客户的参与度和满意度。

很多数字化转型标杆企业的案例都展示了数字技术如何帮助企业不断提升客户需求响应效率。为提高对客户需求的响应效率，良品铺子打造了数字化订单闭环系统，对接 200 余家销售渠道或平台，快速获取订单、智能审核订单、及时发货，形成全渠道销售闭环。这种全渠道的订单处理能力，使得良品铺子在客户需求高峰期间能够响应 15 万～20 万的日订单发货量，5 分钟处理率达到 99.99%。

物美推出智能订单拆分系统推动需求响应数字化。该系统能够精准地根据每个订单的收货时间，以及拣选、打包和配送的时长，智能分配工作。这极大地提升了物美履约的及时性和准确性，使物美的履约及时率达到了 99%，履约准点率也高达 95%。

依托数字技术，美的集团通过 T+3 模式很好地实现了需求响应的数字化。T+3 模式将产品从下单到交付分为四个阶段：订单阶段（T0）、采购及物料齐套阶段（T1）、生产制造阶段（T2）和物流发运阶段（T3），每个阶段都要求以最短的时间完成，实现客户从下单到收货只需 10～12天，显著提高了对客户需求的响应速度。在 T+3 模式的基础上，美的集团进一步推动 DTC（Direct To Consumer，直接面向消费者）改革，深化客户需求响应数字化，减少中间环节，建立与终端消费者的直接联系，提高客户需求响应效率。

4. 产品数字化

产品是连接企业与客户的桥梁，因此产品数字化也是企业在数字化转型中实现客户价值创造的关键点。

产品数字化与传统产品的概念差异显著。在产品特性上，传统产品往往是实体的、静态的，功能和性能在产品制造完成后就已确定，难以更改，如一本书或者一件家具，它们的使用方式和提供的价值相对固定。而数字化产品则是基于数字技术构建的，甚至可以是纯数字化的，如电子书、智能手表、云产品、智能电动汽车等，可以通过软件更新来不断改进、增加新功能，具有动态性和可扩展性。在商业模式上，传统产品往往采用一次性销售的模式，而数字化产品则更倾向于订阅制、服务化或者基于使用量的定价模式，在这种模式下，企业可以通过持续的服务和更新来与客户建立长期的关系，并实现更稳定的收入。

基于数字技术，广联达将原来的传统软件产品转变为"云+端"的数字化产品，商业模式从一次性销售的模式，转变为年费订阅制。在订阅制模式下，客户可以根据需要选择不同的服务等级和功能模块，享受更加个性化的增值服务，有效地推动了广联达收入的增长。

通过在产品中融合数字技术，美的不再局限于硬件产品，也不局限于单个硬件设备的智能化控制，而是提供全面智能家居解决方案。美的智能家居的产品包括智能家电、智能安防、智能照明、智能语音设备等，这些设备通过美的美居 app 进行控制和管理。用户可以通过 app 实现设备之间的联动，创建个性化的智能场景，享受便捷的智能生活。基于海量数据和核心算法，全屋智能家电设备还可以主动为用户提供服务，如儿童全流程恒温沐浴情境、35 分钟代哄睡情境、烟灶空联动舒爽情境等，可以根据用户的个性化需求提供专属的智能服务。此外，美的智能家居还推出了"美分之一"用户共创平台，与用户一起创造和优化智能家居产品和服务，实现个性化和定制化的智能家居体验。

借助数字技术，企业可以将原有的产品进行数字化升级，在提高产品附加值的同时，提升客户的满意度和忠诚度。

5. 服务数字化

数字时代下，客户日益追求全生命周期的服务体验。为了适应这一客户需求的转变，很多企业着手通过数字技术为客户提供更好的服务。

传统服务通常是面对面的、人员密集的，并且依赖于物理位置。数字化服务的可访问性和覆盖范围远远超过传统服务。无论用户身在何处，只要有网络连接，就可以获得服务，这极大地提高了服务的普及率和便利性。传统服务往往流程相对固定，个性化程度较低，而数字化服务则能够利用数字技术，分析用户行为数据，从而提供更加个性化、定制化的服务体验，满足用户的特定需求，而且数字化服务通常具有更高的运营效率，可以快速响应客户需求，减少客户等待时间，提升服务响应速度。

三一重工深刻认识到，工程机械这类大型设备每停工一天就会给客户带来巨大的损失，客户对服务有极高的要求。然而，传统的服务模式下，设备出现故障时，首先客户需要联系三一重工预约维修时间，再由三一重工派遣技术人员驻场维修。技术人员的大部分时间花费在前往施工地点的路上，即使是处理较为简单的设备故障，通常也需要较长的时间。这种情况容易导致客户面临较大的停工损失，影响了客户的生产效率和经济效益。为有效解决这一问题，三一重工构建了数字化、智能化的服务网络和管理体系，实现服务线上化，缩短客户响应时间，提升客户的服务体验。三一重工率先在行业内依托物联网平台在"云端＋终端"建立了智能服务体系，将98%的服务业务转移至线上，让客户可以在任意地点联系到三一重工，并在线上得到服务。目前三一重工已在全球范围内建立了超过1700个服务中心，拥有7000余名线上技术人员。这种全面全点的服务布局可为客户提供365天×24小时的全天候服务。

贝壳找房通过一系列创新的数字化服务，满足了客户在数字时代对即时看房服务的新需求。其中，VR实景看房功能尤为突出，它通过3D建模、自动尺寸测量和在线导览等技术，使客户能够在家中就拥有身临其境的看房体验，显著提升了看房的便捷性和效率，同时减少了客户的时间投入。此外，贝壳找房还引入了AI技术，为客户提供定制化的智能讲房服务。该服务能够综合考虑房屋的周边环境、小区设施、户型设计以及历史交易数据等多个关键因素，为客户带来全面而深入的房产信息解读，相当于为每位客户实时提供定制化的房产经纪人服务。

通过高效应用数字技术，企业的服务流程将得到有效优化与创新，数字化服务能力大幅提升，不仅能拓宽服务范围，也将深化服务内容，从而极大提高了客户的满意度。

6.品牌建设数字化

数字技术的出现改变了信息传播的方式，也改变了消费者的行为模式。越来越多的消费者开始通过社交媒体、电商直播、短视频等传播快、覆盖范围广、互动性强的新渠道了解品牌、认识品牌。因此，进行品牌建设数字化对于企业来说尤为重要。

传统品牌建设侧重于传统渠道（如电视、报纸、杂志等）和线下推广，往往缺乏针对性和互动性，品牌信息的传递是单向的，消费者处于较为被动地接受状态，品牌与消费者之间的沟通和反馈机制相对滞后。

品牌建设数字化则强调双向沟通和个性化体验，利用数字技术的优势，广泛进行多渠道、多触点的品牌信息传播，使得品牌信息传播更为精准和高效，使企业能够实时与消费者互动，收集反馈信息，并根据数据分析调整品牌建设策略，从而提升用户的忠诚度。此外，数字化品牌建设的覆盖范围和影响力也更为广泛，可以轻松跨越地域，实现品牌的多市场扩张。

阳光保险十分重视品牌建设的数字化，搭建了"我家阳光"app、官微、小程序等多个触达客户的渠道，基于多渠道精准触达客户，精准地判断客户需求和更适合客户的品牌推广方式，用更有效的方式宣传、推广了阳光保险品牌，也在一定程度上避免了过度信息轰炸引发的客户对品牌的反感。

良品铺子在品牌建设数字化的过程中不仅非常注重打造全渠道数字

化营销系统，构建了包括线下实体门店、传统电商平台、社交电商平台、O2O 外卖平台和自营 app 等在内的全渠道、全场景的品牌营销场景，还非常注重对全渠道营销数据的精细化运营，以指导未来更有针对性的品牌建设决策。

数字时代下，企业借助数字渠道、数字营销等方式能够更便捷、更精准地触达消费者、吸引消费者，提升消费者对品牌的认知度，提升客户对品牌的忠诚度。

7. 伙伴关系数字化

传统的客户伙伴关系维护通常依赖面对面交流、定期会议或电话沟通，在响应速度和灵活性方面存在局限性。数字化的客户伙伴关系维护通过广泛利用数字技术，如在线反馈系统、即时通信软件等，可以实现实时沟通、精准沟通，更加灵活多样。

客户伙伴关系数字化还特别强调与客户共同创造价值、共同成长，进一步巩固和深化企业与客户之间的关系。

2019 年，美的集团推出用户共创模式品牌——布谷 BUGU。美的集团董事长方洪波曾说过："我们现在要改变成另外一种商业模式，真正以用户的需求为起点，以用户为中心来引导产品的开发与生产。"布谷 BUGU 及其用户共创模式，就是美的集团用户导向模式的落地体现。布谷 BUGU 以互联网运营模式为基础，让用户不再被动接受产品，而是可以通过共创平台——"布谷研究所"小程序，深度参与产品从概念创意、工业设计、开发设计到内测、公测的全流程。在与用户共创的模式下，布谷 BUGU 发布了智能 IH 电饭煲、台式洗碗机、厨下净水器、直流落地扇、交流台地扇、智能扫拖机器人、电热水壶等数款产品，全面布局厨房、起居、卫浴三大生活场景以及空气、水两大专业场景，打造真正符合新生代需求的产品。基于此，美的集团与用户建立了紧密的伙伴关系，极大提升了用户价值，增加了收入机会。

酷特智能在数字化转型过程中提出"人人是设计师，人人是消费者，人人是经营者，人人是创业者"，让客户参与到产品的研发设计与营销中，实现价值的共创与共享。酷特智能搭建了在线个性化定制平台，客户能够根据自己的喜好直接参与产品设计，获得独一无二的穿着体验；基于 AR 技术建立的虚拟试衣间，让客户在设计和试穿过程中更加直观地参与；社区反馈机制和众包设计竞赛进一步拉近了客户与酷特智能的距离，使客户的反馈和创意成为产品创新的重要来源；此外，酷特智能的创业支持计划为客户提供了实现设计梦想的平台。这一系列的举措，不仅满足了客户的个性化需求，也让客户成为酷特智能的重要伙伴，通过建立紧密的合作关系，共同推动企业向前发展。

在数字化转型战略地图中，成本管理数字化、质量管理数字化和需求响应数字化，即图 4-2 中左侧部分，更能支撑降本增效数字化转型战略目标的达成；而产品数字化、服务数字化、品牌建设数字化以及伙伴关系数字化，即图 4-2 中右侧部分，更是提值增收数字化转型战略目标实现的具体抓手。

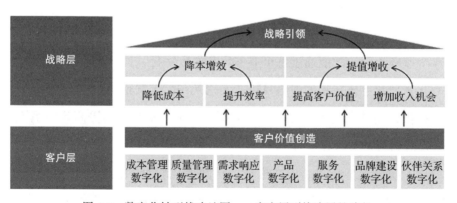

图 4-2　数字化转型战略地图——客户层到战略层的路径

讨论：企业数字化转型为什么要以客户为中心

数字化转型标杆企业无一例外地强调"以客户为中心"，即把客户放在核心位置，并以客户需求为指引，实现企业的数字化转型。

物美创始人张文中认为，中国零售业最重要的创新趋势，就是以客户为中心的数字化。他提出，零售企业的数字化转型要想获得成功，就要一切以客户为中心，追求高品质、低价格、好服务、好商品，进而实现线上线下一体化。天虹超市事业部总经理王涛认为，数字化要以客户为中心，通过重塑或者赋能供应链来优化全流程购物体验，满足客户便捷、个性化的需求。阳光保险在数字化转型中坚持"一心二上"，即通过数字化转型实现"一切以客户需求为核心，改善客户体验为上，提升客户价值为上"。

那么，为什么数字化转型要"以客户为中心"？

企业的本质是为客户创造价值，数字化转型也要围绕这一本质理念进行。数字化转型是为了实现企业收入与利润增长，而实现这一目标的关键是要为客户创造价值。因此，我们要紧紧围绕企业经营的本质，即"以客户为中心"来推进数字化转型。

具体来说，数字经济时代下客户的需求趋向多样化、个性化、定制化，企业间的竞争也日趋激烈。企业只有将"以客户为中心"的理念贯穿全业务流程，才能通过每个业务环节的数字化，提升企业核心竞争能力，实现数字化转型的战略目标。无论是在需求洞察、响应，产品、服务提供，还是在品牌、客户关系方面，数字化都是新的更高效的手段，其最终目的是"以客户为中心"。

广联达董事长刁志中在推动公司数字化转型的进程中，始终坚守"以客户为中心"的理念。他表示："我们一直强调以客户为中心，客户持续不断的需求鞭笞着我们找到更好的方法服务他们。"他认为，要想真正理解客户，就要去关注客户的产品使用效果，再通过数据的反馈建立一套持续改进的机制，更好地实现客户价值。

随着数字化转型的推进，广联达已成功从传统的软件销售模式转变为"云＋端"的SaaS订阅模式。在此过程中，广联达不断践行以"以客户为中心"的转型理念，通过客户端应用产生的数据，结合算法，精准洞察客户需求，从而有针对性地优化产品和服务，响应客户需求，并以此推动"研营销服"从过去的串联式结构变成并联式结构，提高价值链环节的柔性，形成闭环的正向业务飞轮，提升全价值链效率，全方位地为客户创造价值，如图4-3所示。刁志中表示："云＋端的产品形态，加速了闭环形成，小步快走，迭代优化，当你把这些工作都做到位了，客户是能感受到你的用心的。"

打造以客户为中心，以数据驱动全价值链的正向业务飞轮

01 应用产生数据	03 算法提升应用
软硬件的功能应用体验越好，客户黏性越强，产生的客户行为数据越多	更好的算法进一步提升应用的智能化，让产品更好用，更有用，提升价值和客户体验

02 数据优化算法	04 数据驱动全价值链
不同场景的数据积累越多，对客户真实使用情况、不同类型客户的特点，以及背后需求的理解越深刻，结合业务的数据分析模型和算法持续优化	以客户为中心，以数据为驱动，将研营销服从过去的串联变成并联，**数字化带来精准化，提升全价值链效率**

图4-3　广联达以客户为中心，数据驱动全价值链的正向业务飞轮
资料来源：广联达提供。

第五章

转流程：实现业务流程数字化转型

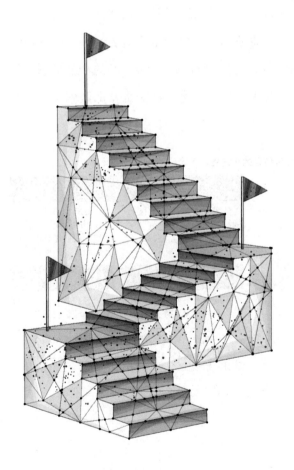

广联达创始人刁志中曾说"企业数字化转型的落脚点是企业业务"。物美创始人张文中认为数字化转型要求用数字化的理论、方法、技术对传统零售业进行全面解构、重构，把过去的业务流程重新梳理一遍，找出真正能优化的点。由此可见，业务流程的数字化转型升级是企业数字化转型的具体抓手，具有举足轻重的地位。

业务流程数字化包括运营管理流程数字化、创新研发流程数字化和客户管理流程数字化三个方面。需要特别强调的是企业在进行业务流程数字化转型时，需遵循**流程重构、找准切入点和局部试点**三大原则。企业数字化转型如何转流程如图 5-1 所示。

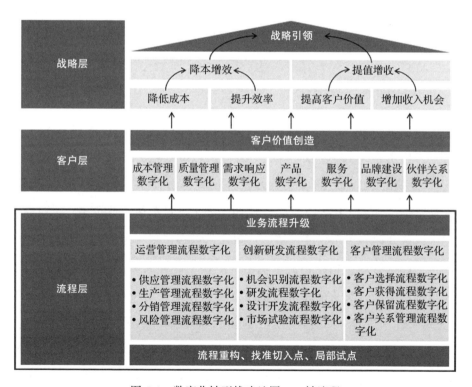

图 5-1　数字化转型战略地图——转流程

一、运营管理流程数字化

运营管理流程数字化主要包括供应管理、生产管理、分销管理以及风险管理四个核心子流程的数字化，如图 5-2 所示。

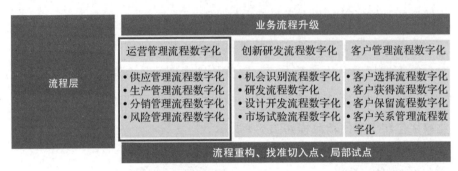

图 5-2　数字化转型战略地图——运营管理流程数字化

1. 供应管理流程数字化

供应管理流程主要包括需求识别、供应商选择、询价谈判、合同签订、订单生产、交货验收、支付结算、供应链管理、绩效评估等。

三一重工的供应商多达数万家，涉及的商品种类更是在百万以上，这使其供应管理工作异常复杂。例如，同一批订单往往涉及多个供应商、多个地区仓储和多个物流渠道，订单经常以多包裹、多批次的形式送达；而工厂园区管理严格，物流车辆出入不便，库管人员只能频繁前往园区门口签收货品，交货效率非常低下。不仅如此，三一重工还遵循严格的"三验入库"流程，即所有货品必须经过送货清单扫码、对照实物拍照上传以及验收物流单号三步操作才可最终确认。但包裹附带的收货清单信息不完整的情况时常出现，严重影响了货品入库效率。为改变这一局面，三一重工对传统的供应管理流程进行了数字化改造，打通了品牌厂商、第三方供应商以及属地服务商的现货及期货库存管理网络，实现了数字化的统一调度。采购管理人员可以随时在线查看采购订单状态，极大地提高了管理效率。不仅如此，供应管理流程的数字化还帮助三一重工实现了工业品物料消耗预测，有利于企业制定更合理的采购策略，提高了供应管理的有效性。

供应管理流程的数字化在企业实现以降本增效为目标的数字化转型中发挥着重要的作用，这一点在金风科技、三一重工等标杆企业的实践中得到了充分体现。

2. 生产管理流程数字化

生产管理流程包括计划排产、生产加工、质量控制、包装、库存管理、订单处理和交付、设备维修维护、生产绩效分析等环节。

美的集团通过集成 MES 与 SCADA 系统，实时获取生产、品质、物流、设备等数据，实现对生产过程的即时透明化管理。同时，美的集团还灵活运用 WMS 系统，实现自动叫料、自动配送和全物流场景的透明化；运用能源管理系统实时采集能源消耗数据，进行各种维度的能耗数据分析，供管理层参考；运用设备管理系统实时监控与分析设备运行状态以及工艺参数，实现设备异常预警功能，降低设备运营管理风险。在此过程中，美的集团还利用日常运营平台 DMS 对生产流程中的异常情况进行异常预警、快速响应、及时处置、闭环改善等，构建异常反馈处理的闭环机制，全面打造智能制造的先进生产体系。此外，美的集团在 QMS 品质系统中灵活运用云计算、人工智能等数字技术，实现对产品质量的有效管控。

通过生产管理流程的数字化，美的集团的生产计划效率提升高达83%，劳动生产效率提升了28%，制造综合效率提升了33%，内部综合效率提升了28%，订单交付期缩短了56%。同时，美的集团的产品单位成本降低了 14%，能耗下降 15%。此外，美的集团的产品品质指标也提升了 15%，有效提升了产品竞争力和市场口碑。

可见，生产管理流程的数字化能够帮助企业构建更加高效的生产体系，显著提升企业运营管理的综合效率，达成降本增效的数字化转型目标。

3. 分销管理流程数字化

分销管理流程主要包括库存管理、订单管理、物流配送、价格管理、渠道管理、销售预测、支付和预算、反馈改进等。

金风科技在数字化转型中引入 CES 数字化分销管理系统（简称"CES 系统"），不仅涵盖了整机销售、备件销售、服务销售等多个分销模块，还涵盖了所有分销流程，实现了订单管理、出口报关、物流配送、验收管理、完工确认、售后运维、确认收入、销售开票、回款认领等流程的数字化。CES 系统的应用显著提升了金风科技分销管理流程的效率和准确性，实现了传统线下分销管理流程的线上化、数字化，有效减少了人为错误造成的损失，同时加快了数据处理速度，确保了数据的准确性。这使得金风科技能够实时处理和分析大量数据，解决了以往仅在月末集中处理数据时容易出现的时效性差、准确性难以保证等问题。此外，CES 系统还整合了金风科技原本分散的分销管理流程，实现了多个分销管理子流程在一个系统内协同工作，大幅提高了工作效率。

物美在全国拥有近 800 家门店，其分销管理流程既复杂又琐碎。通过分销管理流程数字化，物美自动补货系统已实现"智能预测—智能补货—订单可视—零供协同"一体化，门店缺货率显著下降，由原先的 7% 降至现在的 2% 以内，补货人效也大幅提升，仅需 30 人即可管理近千家门店。数字化使得物美的履约水平显著提升，随着分销管理流程数字化的深入，物美已经彻底改变了分销店面和后台库房相互独立的传统仓储模式。目前，物美已经将二者有效整合为统一的整体"仓库"，通过数字化实现更灵活快捷的配送和订单履约，极大地提升了整体运营效率。

金风科技、物美等企业通过分销管理流程的数字化，明显提高了响应效率，显著降低了成本，助力了降本增效数字化转型战略目标的实现。

4. 风险管理流程数字化

风险管理流程主要包括风险识别、风险评估、风险应对、风险监控等流程。

中国平安在数字化转型过程中致力于推动风险管理流程的数字化，将风险数据分析前移，通过对财务、业务、客户行为等数据进行精准监测与分析，从源头上预防风险。例如，中国平安利用微表情技术，精准捕获客户面部表情的细微变化并进行分析，从而在审贷入口严格筛选高风险客户，成功降低了33%的信贷损失。此外，中国平安还推出智慧合约云平台，推动跨机构合同标准化与风险事前预警。该平台通过智能算法，自动识别出合同中可能被修改的条款，并依据市场认知生成标准合约，从而简化合同流程，提高合作效率。在合约签署后，平台能够利用智能识别引擎快速定位合同中的风险标签，并结合内外部数据分析进行风险预警，一旦合同约定方的状况发生变化，系统将立即自动触发风险提醒，帮助企业快速识别潜在风险，提升合规经营水平。

物美通过风险管理流程的数字化，加强了对财务风险的管理，如物美利用BPC预算分析报表系统，对门店业绩、KPI等关键指标进行实时监控与分析，实现对门店业绩的强把控，一定程度上也加强了企业对潜在风险的把控。同时，物美利用数字技术对发票开具、回款时间、价格策略等方面进行严格监控，成功识别并解决了很多内部潜在的风险问题。

中国平安、物美等企业通过风险管理流程的数字化不仅提高了风险识别和风险防范能力，还优化了风险应对的决策过程，实现了对风险实时预警、实时监控和快速响应，有效地帮助企业实现降本增效的数字化转型目标。

运营管理流程的数字化作为企业数字化转型的关键一环，除了直接帮助企业降本增效，还可以帮助企业提高产品质量以及交付效率，进而提高客户价值，并为企业带来更多的收入增长机会，间接促进企业提值增收。

三一重工利用人工智能等数字技术对生产流程进行实时监测和数据分析，及时发现生产过程中的潜在问题并进行预警，确保产品质量稳定可靠；还采用仿真技术，模拟产品在不同工作环境和条件下的运行情况，对产品可靠性进行全面测试和把控，大幅提升了产品质量，这使得客户对三一重工产品的信任度和满意度不断提升，为三一重工带来了更大的市场份额。

美的集团借助运营管理流程的数字化，实现了对产品生产数据的全方位实时精准把握，及时发现并解决产品生产的各类问题，提升了消费者对美的集团品牌的信任度。此外，交付流程的数字化使得美的集团能够实时追踪订单状态，确保产品准时送达消费者手中。这种高效的交付体验不仅提升了客户满意度，也为美的集团赢得了良好的口碑，带来了更大的市场份额，推动美的集团业绩增长。

二、创新研发流程数字化

创新研发流程数字化主要包括机会识别、研发流程、设计开发、市场试验四个核心子流程的数字化，如图 5-3 所示。

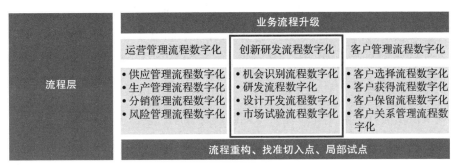

图 5-3 数字化转型战略地图——创新研发流程数字化

创新研发流程的数字化既可以帮助企业更快地发现并响应市场需求，推出更多的新产品、新服务，实现以提值增收为目标的数字化转型；也可以帮助企业降低创新研发流程的成本，提高企业创新研发流程的效率，实现降本增效的数字化转型目标。

在企业数字化转型案例中，深入开展创新研发流程数字化的实践并不多，即使是在这方面有所尝试的企业，也更多是为了实现降本增效的数字化转型目标，对于如何通过创新研发流程的数字化实现提值增收，尚缺少深入的思考和有效的行动。

基于此，我们将先探讨数字化转型标杆企业如何通过创新研发流程数字化实现以降本增效为目标的数字化转型，之后再探讨创新研发流程的数字化对企业实现提值增收数字化转型目标的帮助。

1.降本增效目标下的创新研发流程数字化

降本增效目标下的创新研发流程数字化转型往往注重"流程"的数字化。美的集团自主研发并升级了数字化 PLM 系统（全产品生命周期系统），借助该系统对研发流程进行深度标准化、流程化、线上化改造，不仅显著提升了研发流程的规范性和透明度，还大幅提升了研发流程中各子流程的协同效率，有效减少了资源浪费，提高了研发效率。

九牧洁具同样引入了数字化 PLM 系统，旨在构建全面、稳健、实用的数字化创新研发流程基础管理平台，规范研发流程，实现研发数据的集中化、准确化和结构化，如图 5-4 所示。借助该系统九牧洁具初步实现了研发流程的数字化，提升了创新研发效率，创新研发周期显著缩短，创新研发失败的成本显著下降，有效降低了创新研发成本，取得了显著成果。

建立统一的研发管理平台

九牧 PLM 系统
- 研发数据管理
- 模块化、CBB 管理
- 研发业务流程
- 研发项目管理
- 竞品技术数据

构建研发项目管理体系

模块化 CBB 管理

竞品技术数据管理

通过建立统一的产品研发数据管理平台，为技术研究、产品开发提供及时、准确和可追溯的产品研发管理信息服务

基于研发数据管理平台，将项目计划、项目工时、项目范围、项目交付物质量与研发数据统一管理，构建智能化项目管理体系，落地 IPD 流程

实现产品研发的模块化和通用化，规范零部件申请管理流程，对关键零部件进行分类管理，保证数据的准确性，并提供快捷的查询功能。提升零部件质量，提高零部件重用率，降低企业成本

适应产品分析数据在产品规划、概念开发、设计工程、市场开拓等不同阶段对于竞品数据收集、分析以及挖掘的功能需求，实现产品数据分析的发布与共享管理，更深层次发掘产品分析数据的价值

图 5-4　九牧洁具 PLM 系统一期

资料来源：九牧洁具提供。

类似地，三一重工、华为、金风科技等数字化转型标杆企业都在数字化转型的过程中引入了数字化 PLM 系统，以此推动创新研发流程的数字化，帮助企业减少创新研发过程中的资源浪费，提高创新研发的协同效率，进而实现降本增效。

2. 提值增收目标下的创新研发流程数字化

对于以提值增收为目标的数字化转型企业来说，它们大多以创新研发流程中的机会识别流程数字化为抓手，从而实现数字化转型目标。

2016 年，良品铺子全面上线全网顾客心声系统，从海量顾客评价中获取关键词数据，并将其应用于产品创新研发。良品铺子通过月度用户体验报告，累计抓取超 7000 万条评论数据，发现了产品改善、内部运营、销售增长等多方面的创新研发机会点，如发现健康、新鲜等关键词被提及的频率非常高，便由此创新性地提出"极致新鲜"产品开发理念。再如，良品铺子还在评论数据中敏锐地捕捉到了消费者对孕妇零食和下午茶场景的特殊产品需求。基于此，良品铺子迅速响应，新增围绕孕妇群体和下午茶场景的产品创新研发项目，丰富产品线，满足消费者的多元化需求。此外，良品铺子打通产品购销存数据和顾客反馈数据，加深消费者偏好洞察，反向推动现有产品优化和迭代的创新研发，进一步针对不同消费群、不同生活状况、不同场景的用户进行现有产品的研发升级。

广联达利用数字技术不断优化创新研发中的机会识别流程，不仅实现了创新研发流程的实时在线，为产品研发的改进提供了巨大的空间，还有效解决了创新研发与市场不匹配的问题，显著提升了创新研发的精准度。广联达高管表示，过去广联达的创新研发总是被动跟随市场部的需求，但市场部通常更关注产品销售，很难从成本控制和用户需求的视角提需求，提出的需求存在不合理性。而现在，创新研发流程数字化后，研发团队能够实时监测用户的功能使用情况，并根据客户反馈进行更精准的产品改进。过去，研发团队常感迷茫和被动，而现在有了明确的数据支持，研发团队能够更好地把握研发方向，研发更符合市场需求的产品，更好地为客户创造价值的同时，提升自我的成就感，增加广联达的收入。

尽管当前只有少数数字化转型标杆企业尝试通过创新研发流程的数

字化实现提值增收，但我们必须要认识到创新研发流程数字化对企业提值增收的巨大潜力。除了通过机会识别的数字化实现提值增收，企业还可以借助人工智能和大数据分析等数字技术，对研发组合进行智能化管理，对创新研发项目进行精准筛选和优先级排序，这可以极大地提高新产品或服务推出市场的成功率；或利用虚拟仿真等数字技术，实现对新产品开发过程的实时监控、模拟和成果分析，及时发现并解决研发中的问题，确保新产品能够快速上市并推动业务增长等。

　　因此，我们建议企业在数字化转型过程中应进一步加强对创新研发流程数字化的理解与实践，使之成为提值增收的重要手段。

三、客户管理流程数字化

　　客户管理流程数字化主要包括客户选择、客户获得、客户保留以及客户关系管理四个核心子流程的数字化，如图 5-5 所示。

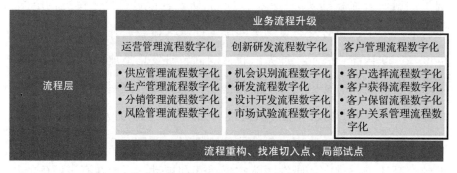

图 5-5　数字化转型战略地图——客户管理流程数字化

1. 客户选择流程数字化

　　企业利用数字技术，有效地收集和分析客户数据，实现对客户群体的精确识别和定位，进而有效选择目标客户，增加新的收入增长机会。

物美通过应用热力图、智能防损、电子围栏等数字技术，广泛收集并深入分析现有门店的客户行为数据及商圈特征数据，得到不同门店客户的消费场景、行为偏好、行为路径和动作举止等关键信息。根据这些关键信息，物美能够更加精准地识别与定位目标客户，从而制定出更加精准的、个性化的门店运营策略，有效提升门店对目标客户的吸引力。

全国范围内的重大工程公示是广联达获取商机的重要途径之一，这些公示不仅涉及工程的甲乙双方、咨询方和设计方等关键参与方，还包含丰富的参与者信息。广联达通过运用数字化的智能线索手段，将这些公示数据与其 CRM 系统中的客户数据进行分析比对，精准识别出潜在客户，并将这些潜在客户信息迅速推送给相应的销售团队，广联达称之为"以新项目去开发新客户"。与传统的手工筛选客户相比，借助数字技术，广联达能够在更广泛的范围内更精确地实现对潜在客户的识别，从获取潜在客户信息到销售团队介入这一过程的速度也更快，大大提升了潜在客户的识别能力。

2. 客户获得流程数字化

基于客户获得流程的数字化，企业能够详细分析客户需求，制定针对性方案，通过多渠道与客户沟通，从而提高客户触达率和转化率，推动业务增长和市场竞争力的提升。

得益于客户获得的数字技术，物美在吸引更多潜在客户的同时，提升了潜在客户的转化率，最终实现收入的稳定增长。物美创始人张文中表示，2020 年，物美凭借算法赋能的个性化营销策略，不仅取得了显著的营销效果，还将获客成本降至远低于行业平均水平。2015年，物美与多点联合搭建线上平台，构建与潜在客户之间的数字化沟通渠道，为后续个性化推荐产品、实现客户转化奠定基础。后来，物美更是借助多点直播平台，扩大了对潜在客户的覆盖范围。例如，物美通过线上平台增强拉新活动的影响力，单单一场名为"大董名菜进物美"的线上活动就吸引了1.8万人次观看。物美还非常注重应用数字技术进行个性化精准营销，进一步提升获客能力。通过应用潘多拉等数字化系统，物美定向为所有消费者推送个性化促销信息，实现精准触达。在线下门店，物美还引入了国内首个AI导购机器人——豹小秘。它能够在"看"到消费者后，即刻读取数据库中有关该消费者的购物行为、喜好等标签信息，为其针对性推荐产品。

广联达积极推进客户获得流程的数字化，把以往的线下流程转移到线上，通过抖音、微信、微博等数字平台进行营销推广，对潜在客户的线上活动参与次数、参与时间等多维数据进行分析，进行个性化营销，定向提供差异化的电子优惠券，售卖图书等周边产品，有效地提升了客户转化率。通过这些举措，不仅扩大了客户群体，还提高了客户购买广联达产品的概率，逐渐培养了客户对广联达品牌的认知度，从而促进了业绩增长。

中国平安应用数字技术打造"智能拜访助手"系统，打造线上、线下全渠道的获客新模式。在线上，该系统可支持300人同时在线互动，极大地提升了客户的参与度和互动体验。据统计，"智能拜访助手"全年累计举办超7万场线上产说会、创说会，有效扩大了品牌影响力，并吸引了大量潜在客户。在线下，该系统支持AI辅助音视频讲解，以及保险和疾病知识提示，帮助业务人员更加专业、更加精准地为线下客户提供服务、答疑解惑，提升客户满意度。据统计，2021年"智能拜访助手"

全年月均会客时长超 15 万小时；同时，还辅助完成了超过 12 万件的出单工作，有效提高了业务成交率。

3. 客户保留流程数字化

客户保留流程涵盖客户满意度调查、客户支持和服务、投诉处理和问题解决等关键环节。数字技术有助于企业快速获取大量反馈数据，实时分析结果，优化客服体验，引入虚拟助手和自助服务系统，降低对人工客服的依赖，缩短问题解决时间，提高客户满意度，降低客户流失率。金风科技的数字化客户服务系统，可以将对客户的支持和服务从固定周期转变为实时、全时，从被动响应转变为主动服务。该系统可以全面记录客户风场的数据和运行情况，金风科技的运维服务人员可实时在线了解客户风机状态，实时在线为客户提供处理方案，并注明需要的工具、备件及安全注意事项，有效减少了维修人员现场巡检、分析等一系列耗时费力的工作，为客户提供了现场无人值守、远程维护的实时服务体验。金风科技还通过数字技术对客户的历史数据与当前运行数据进行深入分析，提供数字化风险预警服务，帮助客户识别处于亚健康状态的风机，预防性地发现风机故障，进一步提升了客户满意度和忠诚度。

4. 客户关系管理流程数字化

客户关系管理流程一般包括定期沟通、定期回访和维护、客户奖励计划、客户价值评估、客户反馈搜集、客户参与计划等，数字技术不仅扩展了以上工作的渠道，使企业更高效地与客户互动、共创，提高客户满意度；还能进行精准的客户细分和客户价值评估，识别并专注于高价值客户群体的管理，以此提高客户价值，推动企业实现以提值增收为目标的数字化转型。

　　良品铺子借助数字技术，着手打造"平台电商＋社交电商＋自营app"三位一体的全方位数字化客户管理系统。基于该系统，良品铺子不断了解会员客户的收藏、加购、浏览等消费行为，广泛收集并深入分析会员客户消费数据，除了年龄、性别等基本信息，数字化客户关系管理系统还详细地记录了其喜欢的零食品类、偏爱口味、渠道偏好、营销活动偏好等共计90多个数据标签，并以此为基础绘制会员客户画像，为会员客户提供更加精准的个性化服务，提升其活跃度，从而带动销量的增长。

　　物美创始人张文中表示："物美数字化运营体系下的数字化会员管理利用大数据分析，提高了会员管理的效率，满足了客户多样化的需求。"物美通过数字化的客户关系管理系统，广泛地积累会员客户行为数据以及反馈数据，通过对这些数据进行深入挖掘和分析，物美能够精准地刻画会员客户画像，从而更好地理解会员客户的需求偏好。基于此，物美进一步利用数字技术识别并划分会员的类型和等级，更清晰地了解各类会员的特点和需求，从而制定更加有针对性的客户关系管理策略，包括购物推荐、优惠活动、售后服务等多个方面，满足客户的个性化需求，提升其满意度和忠诚度，从而提升其复购率。

　　在数字化转型战略地图中，运营管理流程数字化即图5-6中左侧部分，直接影响以降本增效为目标的数字化转型，间接作用于以提值增收为目标的数字化转型；客户管理流程数字化即图5-6中右侧部分，直接影响企业以提值增收为目标的数字化转型，间接作用于以降本增效为目标的数字化转型；创新研发流程数字化即图5-6中中间部分，从理论上讲对提值增收的数字化转型有更为直接的影响，但当前大多数企业主要通过创新研发流程的数字化进行降本增效。

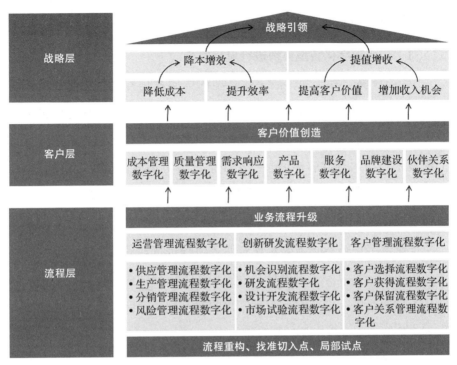

图 5-6 数字化转型战略地图——流程层到客户层、战略层的路径

四、业务流程数字化的三大原则

企业数字化转型战略层和客户层都离不开业务流程层的支持，业务流程的数字化是决定数字化转型成败的关键。业务流程的数字化是一项十分重要且细致的工作，它既是数字化转型的具体抓手，又是保证业务平稳发展的关键。研究发现，数字化转型标杆企业在业务流程数字化方面的认知和举措具有高度的一致性，我们将其总结为业务流程数字化的三大原则：**流程重构、找准切入点、局部试点**。

1. 流程重构及其五个关键点

（1）企业数字化转型必须进行流程重构。

Baiyere[⊖]等学者认为，数字化转型的本质就是各种企业业务流程的深刻变化。通过研究数字化转型标杆企业的实践，我们发现它们也都对业务流程进行了重构。美的集团方洪波认为，数字技术不再是单纯意义上的技术，技术背后驱动的是整个企业的方方面面，是对流程的重构。华为 CIO 陶景文曾总结："任何不涉及流程重构的数字化转型，都是在装样子，是在外围打转转，没有触及灵魂。"

企业数字化转型必须要对现有业务流程进行彻底的系统性重构，对业务流程进行再思考和再设计，以实现业务流程的简单化、线上化、标准化、拉通化等，进而推动业务流程的数字化，确保企业能更好地为客户创造价值，实现数字化转型目标。

（2）流程重构的五个关键点。

我们从数字化转型标杆企业数字化转型的实践中，发现业务流程重构有五个关键点，即**流程线上化、流程简单化、流程标准化、横向拉通化，以及业务部门负责人为最终责任人**。

1）流程线上化。

许多企业由于信息化基础薄弱，业务流程主要在线下完成，要手动记录、录入数据，并依赖 Excel 等工具进行数据整理与分析。这种方式不仅难以实时监控和管理业务流程，还会因数据质量低下、数据传输效率慢等因素，严重制约数据在企业经营管理中发挥重要作用。只有在流程线上化后，企业才能有效采集、留存、分析和挖掘数据，进而实现数

⊖ BAIYERE A, SALMELA H, TAPANAINEN T. Digital transformation and the new logics of business process management[J]. European journal of information systems, 2020, 29(3), pp.238-259.

据的治理和优化。否则，数字化转型将成为空中楼阁，数据的潜力也无从发挥。因此，流程线上化是企业数字化转型中业务流程重构的关键和前提。

三一重工之所以能够快速推动数字化转型，离不开其早期对业务流程线上化的深入布局。早在 2013 年，三一重工就组建了流程信息化部门，致力于全面梳理和优化现有业务流程，启动流程信息化变革，引领业务流程的线上化。2014 年，三一重工与 SAP、IBM 等公司合作，着眼于构建行业领先的业务流程信息化体系，建立端到端的线上企业管理平台，构建符合自身特点的线上管理信息系统，率先上线了 CRM 系统和 PLM 系统，实现关键客户管理流程、全产品生命周期管理流程的线上化，大幅提升公司业务流程的线上化率，为后期数字化转型提供了有力支撑。

在数字化转型过程中，物美着力将所有业务流程迁移至线上，以提高操作效率和数据处理的准确性，优化客户体验。借助在线系统，从商品采购、会员管理、精准营销、仓储运营到订单配送、自由购等业务流程的每一个环节，都可以实现线上监控和优化，确保流程的透明度和响应速度。此外，业务流程线上化还让数据分析成为可能，帮助物美更好地理解市场趋势和客户需求，从而制定更有效的商业策略。

2）流程简单化。

为提升业务及时响应能力和快速适应能力，业务流程简单化尤为重要，而且，数字技术的应用可以帮助企业大大精简原有的业务流程。标杆企业普遍通过引入数字技术，识别核心流程、消除非必要流程、整合重复流程，并利用数据分析优化决策，以实现业务流程的简单化。

阳光保险财务流程重构时，第一步就是对近 3000 个财务流程进行全面梳理，对冗余流程进行简化，对简化后仍不合理的进行彻底重构，大大简化了相关流程。在重构业务流程时，物美并没有迁就已有流程，而是直接应用数字技术去简化、优化、改造传统的零售业务流程。例如，物美过去的盘点流程非常复杂，需要相关员工先打出一堆条码，再与商品条码一一比对，记录商品的数量。整个盘点流程既繁杂，又耗时耗力，盘点的结果往往在第二天才能出来，不能实时反映商品库存情况。数字化转型后，物美对流程进行了大幅合并、简化，员工可直接应用 app 进行商品一键盘点，实时反馈，极大地简化了盘点的流程。

华为要求每出台一个新的流程，就必须砍掉另外两个旧流程，每增加一段流程（节点），就要减少两段流程（节点），所有流程不能超过四个管理节点。在数字化转型中，华为进一步要求简化业务流程，以集成产品开发流程（IPD）的数字化为例，华为从现有流程中分析出更主要、更细化的流程，并对其进行清理、识别和去重，大大精简了业务流程，取得了很好的效果。

3）流程标准化。

数据流动和共享凸显了业务流程标准化的重要性，但不统一、非标准的业务流程将导致工作重复、资源浪费、效率低下，造成数据收集、处理、分析困难，进而影响数据的集成和应用，不仅削弱了企业数据驱动决策的能力，还增加了跨部门协作的难度和沟通成本。因此，企业在重构业务流程时，要高度重视流程的标准化工作，通过制定统一的流程规范、共享机制等，推动业务流程标准化和数据共享。

美的集团在业务流程标准化方面的实践很具有典型性。2012 年之前，美的集团是一个高度分权的组织，各子公司、事业部的业务流程自成一体，高度离散化，缺乏一致性。这导致许多本可以在集团内部复用的业务流程相互割裂，缺乏协同效应，造成很大的资源浪费。鉴于此，2012年，美的集团启动 632 项目，推动业务流程的标准化，致力于实现"一个美的、一个系统、一个标准"。在此过程中，可复用流程的标准化是关键的一步。美的集团先从每项业务中筛选出最优流程，进一步评估其是否适合作为整个集团的统一标准流程，若不符合要求，就继续去寻找最优流程，直至确定最优流程和标准。其后，基于最优的标准化业务流程，美的集团进一步明确数据标准和系统标准，并推动最优业务流程的数字化。最终，美的集团成功实现了产品开发、订单交付等众多业务流程的标准化，为企业数字化转型打下了坚实基础。

业务流程标准化，不仅能使企业提高工作效率，降低成本，保证服务的一致性和质量，还有助于加强各组织间的协作，促进数据收集、留存、分析和共享等，从而提升企业的数字化竞争能力。

4）横向拉通化。

正如华为CIO陶景文描述："我们原来的业务作业，都是按照既定的流程，比如设计、制造、运维，每一个领域的流程与其他领域的流程不通，功能有断点，效率就不高。"只有把业务流程横向拉通，才能破除信息孤岛和数据壁垒，打通断点，充分发挥数据的价值，这也是业务流程重构关键的一步。

在数字化转型过程中，为实现业务流程的横向拉通，企业首先应确保业务流程已实现线上化、简单化、标准化，并在此基础上建立信息系统、搭建平台，以实现流程的横向拉通、无缝对接和实时共享。

良品铺子为我们提供了一个生动、典型的案例。2014年，良品铺子投资8000万元建立了全渠道业务平台（大数据后台系统），实现收银流程、物流流程、财务流程等的横向拉通，进而将原先的收银系统、物流系统、财务系统等集成为一体化订单管理系统。此后，良品铺子进一步建立并打通了全渠道商品系统、门店订单系统、库存系统、用户系统及大数据中心，实现了订单管理流程、库存管理流程、客户管理流程的横向拉通,使各系统内的数据从之前的割裂状态变为互联互通,提升了良品铺子的运营效率和市场响应速度,也增强了其品牌竞争力和客户满意度。

中国平安在数字化转型过程中,积极推动业务流程的横向整合与拉通,全面梳理了 26 000 余个流程,打通了 1419 个断点,实现了销售、运营、风控、财务、人事等多个业务流程的集成与横向打通,运营效率显著提升。

可见,拉通整合不同部门和业务流程,有助于促进跨部门的协作和创新,打破部门间的信息孤岛,实现数据和资源的流动,确保信息的一致性和透明度,提高决策的速度和质量,帮助企业更快地响应市场变化,提高整体运营效率。

5)业务部门负责人为最终责任人。

业务流程重构是一项重要且复杂的任务,落实下来并非易事,企业必须确保责任明确到人,有效地监控和控制流程重构过程,及时发现并有效解决潜在问题,保证业务流程重构顺利推进。

一些数字化转型标杆企业往往会设立专门的流程管理部门来协调业务流程的重构,如良品铺子设立了流程管理变革中心,广联达设立了数据与流程管理部门等。一些企业甚至还会借助外部咨询机构的力量,协助完成流程重构工作,如美的集团抽调了大量业务骨干与麦肯锡咨询顾问共同组建了流程梳理团队。

但无论是设立专门的流程管理部门还是借助外部力量,**数字化转型标杆企业都将业务部门负责人作为流程重构的最终负责人。**美的集团将业务部门负责人确定为流程重构的最终负责人;广联达将各业务部门负责人设为各业务流程重构的主管,对每段流程的重构和数据打通负责;三一重工各业务部门负责人均担任数字化项目的负责人,负责本部门的

流程重构工作；华为首席供应官担任供应链流程重构的负责人，运营商
BG 总裁担任运营商业务流程重构的负责人……

这些实践充分表明，只有使流程重构责任到人，并将业务部门负责
人作为业务流程重构的主负责人，真正做到责任归位、权责对等，业务
流程重构才能顺利开展下去。

2. 找准切入点及其六个关键点

广联达创始人刁志中表示："一个公司可以从各个角度去做数字化起
步。但不可能一上来就一步到位地、全面地进行数字化。肯定有个切入
点，所以我们说找准切入点是数字化的一个关键。"通过研究，我们发现
标杆企业在推进业务流程数字化的过程中，一般都是先选择一个具体业
务流程作为切入点，对该业务流程进行深度的数字化转型，再渐进式逐
步拓展延伸，推广到其他业务流程，最终实现全业务流程的数字化转型。

那么，为何企业数字化转型要先找准切入点，而不是全面铺开呢？
企业又该如何选择切入点？

找准切入点能帮助企业明确转型优先目标和方向。选择合适的切入
点，有助于企业在转型过程中保持专注，确保转型工作与企业长期战略
目标的一致。**找准切入点使企业能够集中资源、形成突破**，企业能够用
有限的资源和时间，集中解决高优先级项目数字化转型问题，不仅能确
保切入点上的突破，还能为整体的数字化转型树立标杆。**找准切入点有
助于数字化转型的逐步推进**，通过选择一个或几个关键的切入点，每个
切入点都有明确的数字化转型目标，使得整个业务流程的数字化更具目
标感。**找准切入点能够控制风险**，数字化转型本身存在很大的不确定性，
全面铺开的业务流程数字化具有极高的风险，可能导致业务停滞甚至瘫
痪。选择合适的切入点有助于企业识别并规避潜在的风险，确保转型的

顺利进行。因此，企业数字化转型过程中找准切入点至关重要。

找准切入点的六个关键点。

虽然不同标杆企业在数字化转型切入点的选择上不尽相同，但其选择切入点的底层逻辑具有很强的一致性，我们将其总结为六个关键点。

1）**与转型目标相一致。**

企业首先要考虑所选切入点的转型方向是否与数字化转型的最终目标一致。

根据数字化转型战略地图，运营管理流程数字化更多作用于降本增效的数字化转型目标；客户管理流程数字化更多作用于提值增收的数字化转型目标。因此，**若企业数字化转型的目标是降本增效，则应从运营管理流程的数字化切入；若企业数字化转型的目标是提值增收，则应从客户管理流程的数字化切入。**

在确定了切入点选择的大方向后，企业还需进一步细化，深入分析并决定将哪一个具体的子流程作为最终选择的业务流程数字化的切入点。

美的集团在数字化转型的征程中，一直将降本增效作为核心的战略目标。在这一战略目标下，美的集团选择从运营管理流程着手，并将生产流程的数字化作为业务流程数字化的切入点。在实现了生产流程数字化后，又进一步推进分销流程的数字化和供应流程的数字化，进而实现了整个运营管理流程的数字化转型。在此基础上，美的集团陆续实现了创新研发流程和客户管理流程的数字化，取得较好的效果。良品铺子将提值增收作为数字化转型的总体战略目标，基于此，良品铺子选择以客户管理流程中的客户获得子流程作为业务流程数字化的切入点，也取得了较好的效果。

2）**契合业务发展痛点。**

数字化转型标杆企业选择的数字化转型切入点，往往契合业务发展痛点，数字化转型标杆企业往往以那些严重制约企业发展的业务痛点为切入点进行流程的数字化转型。

对于大多数制造型企业来说，其业务痛点往往来自运营管理流程中的生产管理流程。因此，这些企业大多以此作为业务流程数字化的切入点，通过打造数字工厂，实现智能制造，来实现数字化转型。美的集团、三一重工、九牧洁具等生产制造类企业都是将生产管理流程作为数字化转型的切入点。

链家（现贝壳）作为房产经纪业务企业，在发展过程中面临假房源这一业务痛点。链家选择以客户获得流程的数字化为切入点，力求借助数字技术为客户在线上提供精准而真实的房源信息，提高客户的满意度，更好地树立品牌形象。为此，链家首先以大量真实、准确的房产交易数据为基础，对其中的楼盘信息进行标准化处理，统一了包括楼盘名称、地址、户型、面积、价格等数据的标准，并着手建立数字化楼盘字典，确保为购房者提供的每一条房源数据都是准确、真实的。此后，基于数字化楼盘字典，链家将大量真实房源在线上平台公开，解决原有假房源对购房者体验造成消极影响的问题，吸引更多购房者，提高购房者对链家的信任，树立了链家的品牌形象。同时，也推动了链家原有线下房产经纪业务流程的线上化发展，带动了链家交易流程、签约流程等流程的数字化转型。

通过有效识别业务痛点，并将其作为数字化转型的切入点，企业以更大的决心和毅力推动数字化转型；一旦企业通过数字化转型解决了业务痛点，将会以"四两拨千斤"的方式发挥强大的引领示范作用。

3）关注企业价值增长点。

在选择切入点时，数字化转型标杆企业也倾向于关注企业业务流程中的潜在价值增长点，并将能够创造新价值的流程作为企业数字化转型的切入点。

九牧洁具优先从规模大且见效快的环节切入，将规模小或提升空间有限的环节置于后续阶段。具体来说，九牧洁具品类众多，不同品类的生产管理流程不尽相同，经计算，陶瓷品类产品市场规模较大，且生产管理流程数字化的降本效果最为明显。因此，九牧洁具决定将陶瓷品类的生产管理流程数字化作为切入点。

天虹股份的价值增长点在于吸引、留住客户，提升客户价值，实现收入和利润规模的增长，因此它的数字化转型首先从客户管理流程开始，通过为客户打标签，构建精准的客户画像，为客户提供个性化服务；通过筛选会员标签，精准锁定目标客户，再通过多种引流方式，促进销售的大幅增长。

4）适应技术成熟度。

数字技术发展和应用的成熟度直接关系到业务流程数字化转型的可行性和效率，也是数字化转型标杆企业切入点选择的关键考量。

首先，相对成熟的数字技术往往拥有更加稳定、可靠的性能以及丰富的实践经验和成功案例。以这类技术的应用领域作为数字化转型的切入点，企业可借鉴前人经验，避免走弯路，提高转型的成功率。相反，若企业选择一个技术应用尚不成熟、充满不确定性的领域作为切入点，则可能面临较大的技术风险，转型实施难度较大，甚至可能导致转型失败。

其次，数字技术发展和应用的成熟度直接影响企业数字化转型的效率。成熟的数字技术往往具有更高的性能和更低的应用成本，以此作为切入点，企业能够更快地实现企业数字化转型的目标。相反，若选择的数字技术应用尚不成熟，企业可能需要投入更多的时间和资源来进行技术研发和测试，这无疑会延长数字化转型周期，增加转型成本。

最后，企业在选择切入点时，需充分考量自身的数字化水平，结合自身实际情况，审慎选择适合自身的数字技术，避免盲目跟风或冒进。比如，对于信息化系统尚不完善的企业而言，尽管市面上已有更为成熟的数字技术可供选择，但企业仍需优先关注信息化技术的应用，从构建健全的信息化系统入手，逐步引入并应用更多先进的数字技术，推进数字化转型进程。

5）评估转型阻力大小。

尽管数字化转型运用了大量数字技术，但是归根结底，这些数字技术的引入与应用都离不开人的参与，所以数字化转型最大的阻力往往来自"人"。若员工都认同数字化转型是企业发展的必经之路，积极主动地了解并接受企业的一系列数字化变革，那么转型的难度将大大降低。同时，企业的数字化产品或服务是否能被客户接受和认可，也会直接影响到企业数字化转型的成败。因此，企业在选择业务流程数字化转型的切入点时，也必须要考虑"人"的因素。

因此，企业在考虑数字化转型切入点时，也要深入评估转型过程中可能遇到的阻力，优先选择阻力相对较小、员工接受度高的业务流程作为切入点，以提高转型成功的概率，为后续其他流程的数字化奠定坚实的基础。

6）按优先级排序。

在选择切入点时，企业需根据转型目标，综合考虑多个潜在切入点的重要性、工作量、难度及紧急程度，进行优先级排序，先以优先级排序靠前的业务流程作为切入点进行数字化转型。

华为从问题的紧迫程度（如安全、业务连续性等）和业务价值（如与业务战略高度匹配、具备全局影响并对各领域转型有牵引示范作用）两个维度来识别项目的优先级，并根据其与数字技术的相关性，首先选择

"高优先级"的项目，有节奏地开启数字化转型变革。[⊖]

因此，企业在数字化转型切入点的选择上，需要从转型目标、业务痛点、价值增长点、技术成熟度、阻力大小以及优先级六个方面进行考量，优先处理核心且迫切的流程，确保资源集中用于最有可能产生显著效益的领域，确保转型的效果，避免全面铺开而可能导致的资源分散和管理失控。

3. 局部试点及其四个关键点

为降低业务流程数字化转型的风险，标杆企业趋同地选择了局部试点，以点带面地推动业务流程的数字化。

业务流程数字化中的切入点和试点是两个不同的概念。切入点作为整个业务流程数字化的起点，是业务流程数字化的有序开端；而试点是指在一个特定的范围内进行的试验性尝试，通过小范围的试验，来验证数字化转型方案的可行性和有效性。通过试点，企业可以在大规模推广数字化转型前，不断验证和调整。可以将试点的成功经验复制、推广，或及时总结经验、教训，调整数字化转型方案。

局部试点可以降低转型的难度和风险。业务流程数字化转型是一项十分复杂的工作，且效果存在不确定性，有一定风险。局部试点的成本更低，风险更可控，即使试点失败，对企业整体的负面影响也相对有限。通过试点可以识别关键问题，积累转型经验，为全面转型奠定基础，从而提升转型的成功率。正如广联达创始人刁志中所说："转型是一个系统工程，一定要有节奏、有层次、有顺序地推进。我们提出'云+端'的转型后，并没有急于在全国各地区市场中全面铺开，而是选择一个地区、

⊖　华为公司企业架构与变革管理部：《华为数字化转型之道》，机械工业出版社，2022年版。

一款产品、一类人群来做试点。"

局部试点可以探索和验证转型的有效路径。业务流程的数字化没有一个标准化的路径和模板，企业可以通过试点不断调整，找出适合自己的转型方案。广联达在业务流程数字化转型过程中不断试点、迭代，他们把这种方法称为"基于胜利走向胜利"，即通过不断试点和优化，推动业务流程数字化转型的实现。广联达在研发出"云＋端"的数字化产品后，先在市场体量相对较小的黑龙江和云南进行了不同销售模式的试点，在黑龙江广联达采用订阅模式，在云南广联达采用一次性购买包干模式，提供终身服务。经过一年的观察，广联达发现订阅模式更能被用户接受，并能带来长期收益。由此，广联达找到了产品数字化的有效路径。

局部试点可以发挥示范和带动效应。企业在进行业务流程数字化时，通常会选择基础较好、条件较成熟的业务做试点，以确保数字化转型的成功，进而增强其他业务转型的信心，带动其他部门的数字化转型推进。九牧洁具在业务流程数字化转型过程中，积极发挥标杆试点项目的示范作用。以九牧永春陶瓷工厂为例，该工厂实现运营管理流程数字化后，显著地实现了降本增效，这一成果迅速激发了其他工厂数字化转型的热情。"少数人因为相信而看见，多数人因为看见而相信"，局部试点的示范效应更能激发人们的主动性和积极性。

局部试点选择的四个关键点。

1）**基础条件。**

在业务流程数字化过程中，企业所选的试点团队应具备一定的数字化条件，如信息化基础、管理层的数字化意识、员工的数字化技能等，以提升转型的成功率。

金风科技选择位于南通市的金风工厂作为生产管理流程数字化转型的试点单位，其中一个重要原因，就是该工厂已配备了一系列数字基础设备，相对而言，该工厂的数字化转型将更容易、更快速，也更容易发挥试点的标杆作用。

2）实施意愿。

大部分标杆企业都倾向于选择内部意愿强烈、具备积极态度的部门作为数字化转型的试点单位。

三一重工就优先选择数字化转型意愿最高的部门进行试点。三一重工认为，在数字化意愿程度较高的部门进行试点，部门一把手就会尽心尽力将数字化做到最好，全力以赴推动业务优化，积极思考并发现数字化转型存在的问题，给予更加精准的反馈。这将帮助企业进行针对性的优化迭代，及时纠偏，更好地保障转型效果。

3）实施难度。

企业在选择数字化转型试点部门或项目时，还需要考虑推行数字化转型试点的难易程度，切忌硬碰硬强行试点。企业要选择实施难度较低的部门或项目进行试点，这不仅可以减小内部改革所面临的阻力，还能使企业尽快看到数字化转型的成效，提振员工的士气和信心，促进试点成果在更大范围内复制、铺开，更快地推动整个企业的数字化转型。

美的集团在 2012 年启动 632 项目时，选择空调事业部做试点。空调事业部作为董事长方洪波的起家之地，不仅具有扎实的业务基础和成熟的运营模式，而且对数字化转型较为支持、配合，阻力较小。从结果来看，美的集团空调事业部的数字化转型尝试也是较为成功的。

4）实施风险。

鉴于数字化转型的高度不确定性，标杆企业倾向于从实施风险较低的单元或项目开始试点。在实施风险较低的单元进行试点，即便转型未能达到预期效果，对企业整体的影响也相对有限；而一旦转型取得成功，则能为企业带来更强的转型信心与决心，从而顺利推动企业的数字化转型。

物美把北京联想桥店作为其分销管理流程数字化的试点门店，就是基于对实施风险的考虑。试点前，联想桥店连续多年亏损，甚至面临闭店风险。多点首席营销官刘桂海表示："数字化转型是有风险的，线上线下一体化系统切换的风险很高，但店面本来就是亏损的，即使转型失败了，也不会再对整体造成太大的影响，所以就选择了亏损最严重的店做试点。对这家店的数字化改造纯属'死马当作活马医'，亏损额太大，不做一些新的尝试不行。"物美大刀阔斧地对联想桥店进行数字化改造，经过一年多的努力，物美联想桥店实现了扭亏为盈，并成为物美数字化试点成功的典范，极大地鼓舞了员工的信心。

讨论：企业数字化管理新范式

数据成为生产要素后，工业经济时代下形成的企业管理理论与管理范式受到了巨大挑战，企业需要重新审视原有的管理理论，探索数字化管理新范式。

（1）数字化对传统管理理论的挑战。

人类社会最早期的管理活动属于经验管理模式，主要依赖以往的惯例和个人经验，没有对管理理论进行科学的抽象与提炼。工业经济时代，泰勒于1911年在《科学管理原理》[⊖]一书中系统地提出了科学管理思想，标志着管理正式从"经验化"走向"科学化"。之后，亨利·法约尔、马克斯·韦伯等人不断对科学管理思想进行补充，逐渐形成并完善了古典管理理论体系[⊜]。1924年，霍桑实验掀起了一场新的管理革命，开启了人

⊖　TAYLOR F W. The principles of scientific management[M]. New York, London: Harper & Brothers, 1911.

⊜　古典管理理论体系：由泰勒的科学管理理论、亨利·法约尔的管理过程理论、马克斯·韦伯的古典行政组织理论构成，强调管理的科学性、精密性和严格性。

本管理[⊖]的新时代。之后，弗雷德里克·赫茨伯格、亚伯拉罕·马斯洛、道格拉斯·麦戈雷格等人不断对人本管理思想进行补充，逐渐形成并完善了行为科学理论[⊖]。此后，人类社会经济活动的规模和范围不断扩大，为了对丰富多样的管理实践做出有效解释和科学指导，决策理论、系统理论、权变理论、战略管理等从不同视角出发的管理理论如雨后春笋般兴起，对企业的管理活动产生重要影响。

然而，随着企业的生产方式与组织方式在技术推动下持续演变，工业经济时代下的管理理论已经不能对数字经济时代下企业的管理实践进行有效的解释和指导。一些管理学的经典理论、假设需要被改变甚至是重构：管理的对象从土地、劳动力、资本、技术等扩展到数据；管理的重心从产品转变为客户；管理的流程从线性、分阶段转变为非线性、跨阶段；管理的决策从基于管理者的个人经验、直觉进行判断转变为数据驱动的决策分析。

因此，传统经典的管理理念亟须更新，亟须构建数字经济时代下的企业数字化管理新范式。

（2）企业数字化管理新范式。

数字经济时代下，数据要素对企业的战略管理、运营管理、创新管理、营销管理、人力资源管理、风险管理、财务管理等都造成很大冲击，推动着企业数字化管理新范式的产生。

1）战略管理：从经验决策到数据决策。

在工业经济时代，战略管理的经验决策依赖管理层的经验、直觉、

⊖　人本管理：以人为本的管理制度和方式。把员工作为组织最重要的资源，以组织、员工及利益相关者的需求最大满足与调和为切入点，通过激励、培训、领导等管理手段，充分挖掘人的潜能，调动人的积极性，创造出和谐、宽容、公平的文化氛围，使大多数人内心受到激励，从而实现组织和个人共同发展的最终目标。

⊖　行为科学理论：通过对人的心理活动的研究，掌握人们行为的规律，从中寻找对待员工的新方法和提高劳动效率的途径。

历史数据和有限的市场信息。这种决策模式往往受到个人经验和不完备的市场信息的限制，决策过程缺乏客观性和可预测性。而在数字经济时代，战略管理的决策模式转向数据驱动，企业能够利用大数据、人工智能等数字技术来处理和分析海量数据，从而获得更深入的市场洞察和更准确的风险评估，使得决策过程更加科学、精准和高效。

2）生产制造管理：从标准化生产到个性化定制。

在工业经济时代，企业的生产制造往往采用标准化生产模式，强调规模经济和效率最大化。然而，这种模式牺牲了产品的多样性和个性化，难以满足消费者对定制化和个性化的需求。相比之下，数字经济时代的生产制造转向个性化定制模式，利用物联网、大数据等先进的数字技术，灵活地调整生产流程，根据消费者的特定需求定制化生产产品，为消费者提供更加个性化和差异化的消费体验。这种转变不仅提升了消费者的满意度，也为企业带来了新的增长机会和市场竞争力。

3）供应链管理：从低效沟通到高效协同。

在工业经济时代，企业与供应商往往借助电话、传真和电子邮件等方式沟通，信息传递缓慢，且容易出现差错，可能影响库存管理、物流协调和需求预测的准确性，企业供应链管理受到限制。数字经济时代下，企业可以借助云计算、物联网、区块链和人工智能等数字技术，实现供应链的实时高效协同。基于此，数据能够实时共享，供应链各环节之间的透明度和响应速度得到提升，使企业能够更准确地预测市场需求，优化库存水平，快速响应市场变化，从而构建更加灵活、高效和可持续的供应链网络。

4）质量管理：从被动解决到主动预防。

工业经济时代，企业质量管理往往采取被动解决的策略，主要依靠对已生产的产品进行检验和测试来发现问题，这导致产品的质量问题直到产品生命周期后期才能被发现，增加了大量的返工成本和市场风险。数字经济时代下，通过实时的数据监控、预测性分析和物联网技术，企业能够在生产过程中即时识别潜在的质量问题，采用主动预防的质量管理策略。例如，企业可以通过分析历史数据，发现影响产品残次率的生产参数，并对其进行预警或调整，实现早期干预和持续改进，从而在提高产品质量、提升客户满意度的同时，为企业降低复工成本。

5）创新管理：从内部研发驱动到用户需求驱动。

工业经济时代的企业创新管理相对封闭，往往依赖内部资源和有限的市场反馈，这意味着企业往往按自己的理解进行"创新"，最终不一定能被市场认可。数字经济时代的企业创新则强调用户需求驱动。企业利用大数据、云计算和人工智能等数字技术，可以对消费者的行为数据进行收集与分析，并对消费者需求进行预测，完成更具有针对性的产品创新。同时，根据消费者评价、复购等实时数据反馈，产品研发人员还可以动态地调整产品设计，更敏捷地响应市场需求，推动持续的产品创新。

6）营销管理：从粗放营销到精准营销。

工业经济时代，企业营销管理聚焦于大众市场，通过传统媒体如电视、广播和报纸对标准化产品进行单向传播，依靠大规模的广告和促销活动来推动销售，市场研究和客户反馈收集相对有限。这种"广而告之"的粗放营销无法精准找到目标客户，也无法精准衡量营销效果。而数字经济时代的营销则更加个性化和定制化，企业可以利用数字技术，对消费者进行精准营销，制定个性化的营销策略，同时利用大数据分析进一步优化营销效果。

7）人力资源管理：从标准化管理到个性化服务。

工业经济时代，企业的人力资源管理在员工招聘、定岗、培训、考核、激励和离职等方面通常遵循标准化和程序化的方法，依赖面对面的面试、固定的职位描述、传统的培训课程、定期的绩效评估、固定的薪酬体系等，以适应稳定的生产环境和长期的职业发展路径。而数字经济时代的人力资源管理则更加灵活和动态。企业利用在线招聘平台、技能匹配算法、个性化的职业发展计划、实时的绩效反馈、柔性的激励机制等，可以高效地进行员工的选、育、用、培。

8）风险管理：从被动应对到主动预警。

工业经济时代，企业的风险管理通常基于历史数据和经验法则，采取较为固定的风险评估和缓解措施，企业通常被动地应对已经出现的风险。而数字经济时代的风险管理则可以利用大数据、人工智能等数字技术，实现对潜在风险的早期识别、量化分析和动态响应，通过高级的预测模型和模拟工具，提高风险管理的主动性、精确性和灵活性，同时持续采集风险信息，对风险事项动态跟踪，促进跨部门和跨组织的风险信息共享和协同应对，优化风险管理决策。

9）财务管理：从周期性分析到实时分析。

工业经济时代，企业的财务管理侧重于传统的会计方法和报表分析，强调对固定资产的投资回报分析、成本控制和预算管理，通常采用周期性的财务报告和审计来评估企业的财务状况。而数字经济时代的财务管理则利用先进的数字技术，实现实时的财务数据监控、自动化的财务流程、预测性的财务分析和风险评估，更加灵活地进行资金管理和配置，提高财务决策的效率和准确性，适应快速变化的市场环境。

第六章

转信息资本：引入技术、重构系统、数据驱动

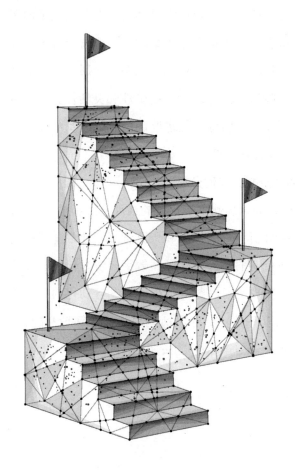

　　信息资本是数字化转型的重要基础之一，没有企业可以在数字化转型中忽视技术、系统、数据等信息资本的作用。脱离数字技术谈数字化转型是不切实际的，IT 系统是企业数字化转型的载体，而数据在改善用户体验、提升业务效率、创新业务模式等方面发挥的作用越来越大。

　　正因为如此，数字化转型标杆企业都高度重视信息资本的建设，通过引入数字技术、重构数字化 IT 系统以及用数据驱动业务发展来支撑企业数字化转型，如图 6-1 所示。

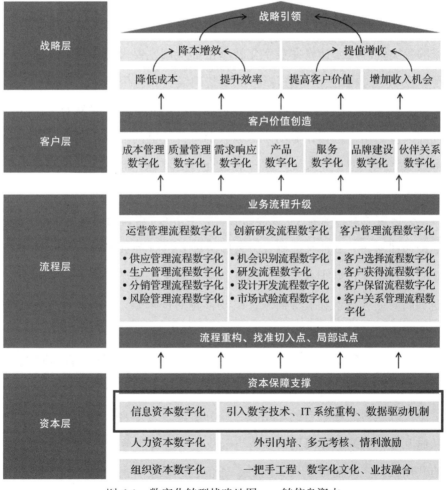

图 6-1　数字化转型战略地图——转信息资本

一、引入哪些数字技术——云计算、人工智能、大数据、区块链、物联网

转型标杆企业在数字化转型中普遍重点引入了云计算、人工智能、大数据、区块链以及物联网技术，以支撑业务流程的数字化，实现数字化转型战略目标。

1. 云计算

云计算可以帮助用户随时随地、便捷灵活地从资源共享池中获取所需的各类资源。云计算在数字化转型中的应用主要表现在两个方面：一是企业 IT 架构云化，即将传统的 IT 基础设施和应用程序迁移到云计算平台上；二是产品或服务的云化，企业推进产品云化、服务云化，以此沉淀大量的用户数据，驱动研营销服等全价值链的数字化转型。对于大多数数字化转型企业来说，IT 架构云化是必答题，产品或服务的云化是选做题。

云计算服务有 SaaS（软件即服务）、PaaS（平台即服务）、IaaS（基础设施即服务）三种服务模式，云服务模式的合理选择和应用，对于企业完成数字化转型十分重要。标杆企业在数字化转型过程中，通常会根据不同的业务场景和业务需求，以及自身的技术能力，将多种云服务模式整合应用，实现云服务模式与业务的良好匹配。

以阳光保险为例，由于 IaaS 主要涉及云存储、云安全等核心服务，具有较强的专业性和技术性，阳光保险主要采取与科技厂商合作建设的策略，以获得底层平台的使用权，充分考虑了云平台与内部技术体系的互通互融，最终选择阿里云和腾讯云作为公有云服务商。PaaS 具有较强的共用性，主要涵盖了云中间件、通信、云原生、大数据、AI、管理平

台、公共平台等，是阳光保险云能力输出的中枢，阳光保险采取与厂商合作和自建相结合的方式，建设平台层服务。对于 SaaS，阳光保险则充分发挥公司在保险业务领域的专业性，以自研为主。基于这一系统性的部署，阳光保险实现了云技术的专业化、云服务的共享化以及各业务的云端协同化，为数字化转型提供了有力的技术支撑。

类似地，基于对技术能力和投入必要性的考量，美的集团借助阿里巴巴和华为的云服务，完成了 PaaS 层的云计算基础设施建设，并基于业务的多样性，自主重点构建了 SaaS 层上的十朵云，包括协作云、营销云、大数据云、制造云和智能云等，支撑各业务活动的数字化。

云计算部署有私有云、社区云、公有云、混合云四种模式，为确保数据的安全性和隐私，数字化转型标杆企业均采取多样化的云部署策略。

良品铺子采取了混合云策略，将数据敏感度较低、且对弹性[⊖]计算需求较高的信息，例如渠道和营销类业务数据，全面迁移并部署到公有云平台，以降低 IT 成本，提高数据处理和访问的灵活性。对于安全性要求更为严苛的核心数据，如后台的 SAP 系统数据等，良品铺子则选择将其存储在本地环境中，以实现数据的物理隔离和更高的安全控制，从而有效防范潜在的数据泄露风险和安全威胁。

九牧洁具同样采取了多样化的云部署策略，根据不同的使用场景和安全级别，选择适配的部署模式。其私有云被主要用于承载内部使用、不对外的系统，以确保数据的安全性和私密性；而对于面向消费者的营销云，九牧洁具则选择了华为的公有云服务，利用其强大的计算能力和弹性扩展优势，支撑业务的数字化；对于全球协同的研发系统，九牧洁具采用混合云策略，在自建的基础上，借助中国电信的云服务，实现了

　⊖　弹性：用户可以根据实际业务需求或预算，灵活调整 IT 资源（包括 CPU、存储空间、宽带、计算能力等），从而满足企业弹性化的 IT 需求。

资源的优化配置和全球范围内的高效协同。

另外，**由于上云的顺畅迁移与平滑过渡是一项极具挑战性的任务，标杆企业在转型过程中不会快速全面上云，而是采取循序渐进的上云策略**。这主要是基于以下四个方面的考虑。

第一，迁移耗时长。数据、应用程序、系统等都需要从本地全面迁移至云端，往往需要花费数周甚至数月的时间。在渐进策略下，企业可以更合理规划迁移节奏，确保顺利迁移。第二，海量数据的传输存在数据丢失风险，一旦数据丢失将严重影响企业的数据安全性和业务连续性，而渐进策略可以帮助企业复盘数据备份和恢复措施，更好地确保数据的完整性和安全性。第三，技术架构不完全匹配。一般来说，传统技术架构往往是集中式计算、单体架构，而云计算架构是分布式计算、微服务架构，技术架构间的差异致使企业需要对业务系统进行适当的重构。渐进策略可以降低系统重构的难度，更好地解决技术架构不匹配的问题。第四，运维难度变大。在云端分布式结构下，虽然多个备份降低了数据丢失的可能性，但数据的存储和运行也变得更为复杂，企业需重新梳理运维过程，确保系统的稳定性和可靠性，渐进策略可以降低运维难度。

中国平安在上云迁移的过程中十分谨慎，其有3000多个系统需要迁移，整个过程耗时长且复杂度高。同时，考虑到迁移过程中的数据同步问题，中国平安采取有效的数据备份和恢复措施，确保数据在迁移过程中不会影响整体业务活动的开展。此外，中国平安还面临运维系统的复杂性技术问题。基于此，中国平安采取了先易后难、逐步上云的策略，以确保迁移过程的顺利进行。

贝壳的上云迁移涉及各业务流程数据、应用程序、系统等从本地到云端的全面转移，不仅需较长时间，还要在此期间确保业务的稳定，降低数据流失的可能性，因此贝壳对迁移节奏进行合理的规划，并选择从C端到B端、从不敏感数据到敏感数据逐步迁移的上云节奏。

2. 人工智能

人工智能技术已经深入渗透到各行各业，成为推动企业数字化转型的重要力量。尤其自以ChatGPT为代表的生成式人工智能诞生以来，越来越多的企业积极探索和应用人工智能技术，帮助企业提升业务效率、优化决策过程，并为用户带来更便捷、更优质的服务。

阳光保险在数字化转型过程中不断引入人工智能技术。2023年，阳光保险确立了生成式人工智能大模型平台的核心地位，致力于将其应用于销售、服务和管理等各业务场景。以寿险销售机器人为例，阳光保险利用历史代理人与客户的交流数据，采用端到端的大模型策略，实现了销售机器人与客户的交互，可有效引导销售主题，并根据客户特点进行生动且个性化的互动，以促进业务达成。在车险销售领域，阳光保险利用大模型对传统卷积神经网络（CNN）、循环神经网络（RNN）和Transformer等人工智能技术进行升级，显著提升人工智能对客户意图和信息的理解能力。在人伤理赔场景中，阳光保险也在大模型的加持下，实现了对被保险人受伤部位和程度的精准识别，在医疗影像分类和信息提取方面取得了显著突破。这些人工智能技术在阳光保险数字化转型进程中扮演着重要角色。

招商银行利用语音和意图识别、金融知识图谱、智能交互、深度学习等人工智能技术推出智能财富顾问AI小招。AI小招拥有流动性预测、风险偏好分析、投资决策、智能推荐等多个引擎，能够为顾客提供全面的理财服务。AI小招可基于其强大的多轮会话能力，深入了解客户需求并提供精准建议。当AI小招无法满足客户的复杂需求时，它也能够迅速转接到人工服务，确保客户的问题可以及时得到解决。此外，基于强大的知识图谱技术，相较于客户经理，AI 小招对于产品各维度数据的掌握与理解更加全面，而且利用每天在海量交互中产生的大量的客户反馈数据，AI 小招可更敏捷地完善算法、优化话术，并反哺于客户经理服务能力的提升。

3. 大数据

大数据技术能够高效地获取、分析和挖掘海量、多样化的数据，为企业和机构提供有价值的决策洞察。伴随着企业数字化转型的推进，数据将迎来爆发式增长，企业可以利用大数据技术，赋能企业经营的各个环节。

物美充分利用大数据技术，全面赋能门店运营管理，涵盖新门店选址、商品自动化陈列、货架电子价签的展示、商品鲜度管理、在线盘点、自动补货、自动收货以及人员排班和任务管理等环节。比如，在新门店选址上，物美基于电子地图和人口统计信息，运用大数据技术对客户进行分析，综合考量现有门店的网络覆盖范围以及潜在客户所在地等因素，为新门店进行科学、合理的选址。

良品铺子运用大数据技术对消费者生活状况、消费场景等大数据进行深入分析，有针对性地做好产品的规划与研发。如通过对多渠道用户评论数据的分析，良品铺子发现了消费者对孕妇零食和下午茶场景的特定需求，从而进行了精准研发。在与供应商的业务协同中，良品铺子依据数字化供应链平台大数据分析结果，协调供应链管理，显著提升了产销协同效率和库存周转效率，帮助企业在降低库存成本的同时，更好地满足市场需求，实现更高效、更精准的供应链管理。

天虹股份打通了各渠道、各业态的会员数据，并详尽地收集、整理了会员的性别、年龄、生命周期、价值模型、客单价以及会员偏好等数据，利用大数据技术构建了全面且精准的客户画像。这为天虹股份提供了强大的营销数据支撑，使其能够深入理解不同会员群体的独特需求与偏好，并能够制定出"千人千面"的个性化会员销售策略，确保每位会员都能获得量身定制的服务与推荐，提升客户满意度与忠诚度。

4. 区块链

区块链技术通过运用分布式数据存储、P2P 传输、共识机制、加密算法和智能合约等技术，实现技术的去中心化、不可篡改、可溯源、多方维护、公开透明等。

标杆企业通过引入区块链技术，更好地实现了数字化转型的战略目标。2016 年，阳光保险基于区块链技术，推出了"阳光贝"积分系统，用户在享受普通积分功能的基础上，还可以用"发红包"的形式将积分转赠或互换，在给用户带来全新体验的同时，提高了用户活跃度与黏性。阳光保险还将区块链技术应用于客户投保环节，将客户投保耗时缩减至 1 分钟，大幅提升运营效率。

贝壳借助区块链技术，实现了房源数据的去中心化存储和共享，既保证了房源数据的安全性和不可篡改性，又实现了房源数据在企业内部的流动共享。贝壳还基于区块链技术高透明度的特点，为贷款企业提供更可靠的房产抵押信息，更精准地进行风险评估，降低贷款风险，提高客户贷款成功率，减少客户签约的障碍，让客户成交流程更加顺畅，显著提高成交率和客户满意度。

5. 物联网

物联网指通过二维码识读设备、射频识别装置、红外感应器、全球定位系统和激光扫描器等信息传感设备，按约定的协议把物品与互联网相连，进行信息交换和通信，是实现智能化识别、定位、跟踪、监控和管理的一种网络。[⊖]

随着 5G、大数据等基础数字技术的飞速发展，物联网技术逐渐趋于成熟，被越来越多的数字化转型企业所应用。

2016 年，三一重工对内将 8000 多台生产设备深度连接，集成了 28 000 多个"三现"摄像头和 16 000 多台"四表"设备[⊜]，实现了对生产现场的全面覆盖和实时监控。对外，三一重工还连接了 60 万台设备，深度沉淀用户行为数据。在此基础上，三一重工能够精准掌握生产现场的各项指标，并据此做出科学、合理的生产决策，确保生产过程的高效、稳定和可靠。

2018 年初，美的集团在位于广州南沙区的智能制造基地正式启动了"工业互联网"计划，将 41 个类别、189 个设备通过智能网络连接成一个完整的工业网络系统，建立了一个"硬件、软件、制造业"三位一体的产业网络平台。同年 10 月，美的集团推出工业互联网 1.0——M.IoT，2020 年 11 月，美的集团升级推出"美的工业网络 2.0"，赋能柔性制造、智慧物流等领域的数字化转型。

华为将物联网技术应用于门店销售环节，利用光线传感器和温度传感器，自动调节窗帘、灯光、温度等，为消费者营造更舒适的门店体验；对陈列的样机进行感知管理，实时传输样机的位置、使用行为，以帮助华为更有针对性地进行产品设计、品牌营销等，提升产品设计、品牌营销的有效性。

⊖ International Telecommunication Union, *The Internet of Things*.
⊜ "三现"指现场、现实、现物；"四表"指水表、电表、气表、油表。

二、如何重构 IT 系统——四种构建方式，三种切换方式

为什么要构建数字化 IT 系统？相比于在信息时代搭建的 IT 系统，企业数字化转型所需要的 IT 系统更加强调数据打通、系统集成以及系统与业务深度融合。因此，信息时代的 IT 系统难以满足数字化转型的需求，企业需要对 IT 系统进行重构。

物美创始人张文中深刻指出，企业要想在数字化转型的道路上取得成功，就必须摒弃传统架构下的 IT 系统，转而采用更为先进和高效的数字化 IT 系统。他还强调，企业在数字化转型时必须进行全面的 IT 系统重构，只进行局部的重构虽然投资相对较少，能够解决个别问题，但难以真正实现系统间数据的互联互通，难以改变以往长期形成的线下业务习惯，对原有 IT 系统进行简单的局部修补或嫁接很难真正支持全面、彻底的数字化转型。

需要说明的是，在重构 IT 系统时，一方面要确保重构后的系统在功能、性能及安全性等方面均能满足企业在数字化转型下的业务需求；另一方面也要确保新旧系统的平稳切换，确保业务连续性不受影响，最大限度地减少系统切换过程中的风险与损失。

1. 构建 IT 系统的四种方式

IT 系统的构建一般包括**自研系统、外采标准化系统、外采后二次开发系统以及外包定制开发系统**四种方式。不同企业可根据自身业务复杂度、业务重要度、自身技术力量以及投入产出比等因素，采取不同的构建方式；即使是同一企业，对不同 IT 子系统的构建方式也可能存在差异。

（1）自研系统。

自研系统是指企业自行组建研发团队，自主研发 IT 系统。自研的优

势在于能够打造出个性化、定制化的系统，使其高度契合企业自身的业务需求。此外，自研系统还能为企业提供更强的数据安全保障。

随着美的集团数字化转型的深化，行业通用的 APS（高级计划与排程）系统已不能适应其生产场景，需要开发更加柔性的 APS 系统。美的集团本想请供应商定制开发，但供应商认为难度太大，无法保证效果。于是，美的集团不得自研 APS 系统。美的集团自研系统成功的底气在于美的集团拥有一支规模达 1500 人的 IT 研发团队，有强大的经济实力作为坚实后盾，并得到了一把手方洪波的全力支持。在成功自研 APS 系统后，美的集团陆续推进研发、项目管理、客服等多个关键环节的系统自研。

贝壳也选择自研核心业务系统。CEO 彭永东认为："每个企业的价值流都存在差异，也就是说每个企业从客户需求开始到客户被服务的过程是存在差异的，而这种差异就是业务流程中最重要的部分，是企业的核心，也是企业在行业中立足的关键，也是企业数字化转型的核心，是必须要做到极致的部分。通常情况下，这些核心业务在流程、逻辑上与行业通用的流程、逻辑存在一定的差异，而这一差异是必须要坚定地实现的，所以贝壳选择自己去做。"最终在彭永东的亲自带领下，依靠强大的技术团队、扎实的资源投入，贝壳以自研的方式完成了核心业务系统的重构。

然而，自研系统也会面临诸多挑战。自研系统需要长期且持续的资金、人力等资源投入，成本高昂，且周期相对较长，效果难以预测，一旦失败，风险不容忽视。自研系统对研发团队的能力要求较高，系统的质量和开发进度直接取决于研发人员的专业水平。更为关键的是自研系统虽然可以实现高度定制化，但可能导致"闭门造车"，缺乏对企业未来发展以及行业趋势的预判，使重构后的 IT 系统落后于市场。此外，由于系统的高度定制化，后续新系统的迭代升级也会面临较大挑战。因此，在决定是否选择自研系统时，企业需要根据自身的需求、资源能力等情况进行充分论证。

（2）外采标准化系统。

企业在构建 IT 系统时，也可以直接采购成熟的、经过市场验证的、标准化的系统。外采标准化系统的优势在于建设周期短，企业无须投入过多的人力、财力，还可以借鉴行业通用的、成熟的实践经验。但外采标准化系统通常不能与企业业务全面适配，需要进一步调整，这可能会延缓数字化转型的进程。

通过研究标杆企业，我们发现在决定系统是自研还是外采时，业务的通用性和独特性是一个重要的考量维度。财务、人力资源、办公自动化、合同管理等通用性业务，往往不构成企业的核心竞争力，而且针对这些业务，市场上已存在成熟的系统解决方案，系统供应商对此类业务模型的开发经验积累深厚，自研的投入产出比明显更低，即使投入大量的人力、物力和时间成本，也很难让成熟的解决方案得到较大的提升。因此，对于这类系统的重构，大部分标杆企业会直接采购成熟的套装系统。

华为、广联达等对通用性业务系统进行重构时，都是尽可能外采先进的成熟系统，尽可能减少自主开发的比重。它们认为在数字化转型中，企业应先注重对现有系统软件的消化吸收，切忌过度开发，IT 系统重构要聚焦于核心业务系统的构建，不要在非核心系统上耗费过多资源。这样做不仅能有效缩短开发周期，还能显著降低开发风险与成本。

（3）外采后二次开发系统。

当企业有一些个性化需求时，企业可以在外采标准化系统的基础上，进行内部二次开发，在控制成本和风险的同时，获得更加适合自身业务流程的 IT 系统，以最低成本和风险满足业务数字化转型对 IT 系统的需求。

良品铺子就是以外采后二次开发的方式重构 IT 系统的。良品铺子曾投资 8000 万元，与 IBM、SAP、华为等企业达成战略合作协议，以这些企业所提供的标准化系统为基础，进行内部二次开发。经过不断消化吸收、改进、创新、迭代，良品铺子二次开发了一体化订单管理系统，替代原有的收银系统、POS 系统、物流系统和财务系统等。九牧洁具的人力资源系统同样是在 SAP 标准系统的基础上二次开发的，通过二次开发，新系统集成了人才招聘、绩效考核等多个环节，并接入集团的 OA 系统，简化了工作流程，提升了工作效率。

（4）外包定制开发系统。

有些企业在构建 IT 系统时，会选择直接外包给第三方进行定制化开发。

物美在 2020 年完成了 IT 系统的重构，其中七成以上的系统都采用了第三方服务商多点的定制开发系统。物美之所以选择定制化外包，是因为其庞大的规模、体量和广泛的全国服务范围使得其自行开发数字化系统在经济回报上不划算。共享基础服务，结合个性化开发，并与物美原有团队融合，这种外包定制模式综合考量成本、效益和投资回报方面，是最适合物美的解决方案。

可见，当企业需要大规模定制化系统，且自研的投资回报率较低时，企业可以选择聘用第三方服务商，由外包团队开发系统，实现技术与业务的高度匹配。但这一选择有一个前提，多点之所以能为物美提供如此适配的定制化系统，离不开同时作为物美和多点创始人的张文中在其中起到的关键作用。要选择这种方式重构 IT 系统，第三方定制化开发团队必须非常了解企业的业务流程，根据业务的实际需求开发系统。

2. 新旧 IT 系统切换的三种方式

在 IT 系统重构过程中，企业面临的另一大难题在于如何实现新旧系统间的顺畅切换和平滑过渡，以确保业务的稳定运行，并最大限度地降低数据流失风险。一般来说，可以选择**直接切换、平行切换和逐步切换**三种方式。

（1）**直接切换**。

直接切换是指企业于某一时点终止旧系统，新系统即刻投入运行，直接替换旧系统。

九牧洁具在数字化转型中，采用直接切换的方式实现了新旧 IT 系统的切换。在新系统构建完成后，九牧洁具直接将旧系统切换至新系统，之后持续优化新系统以确保其性能的稳定性和适用性。美的集团在启动了 632 项目之后，重构了 IT 系统，并采取一次性直接切换的方式实现了新旧 IT 系统的更替。

对切换时间、切换效率有较高要求的企业往往会选择直接切换的方式，这种方式对企业 IT 技术力量的要求比较高。

（2）**平行切换**。

平行切换允许新系统和旧系统并行工作一段时间，只有在新系统运行稳定后，才会停用旧系统。

良品铺子在系统切换过程中采用的就是平行切换方式。创始人杨红春强调，切换系统并非一蹴而就的，"双轨并行制"可以很好地对基础数据进行重新校验和录入，确保数据的准确性和完整性。同时，新旧系统并行也为技术人员和业务人员提供了测试和验证新系统的机会。通过比较新旧系统的表现，可以及时发现并修正新系统中潜在的问题，确保新系统能够完全满足业务需求。

物美门店系统的切换也采用了平行切换的方式。为了不影响门店的正常经营，保证不停业，物美在新系统部署完毕后仍保持旧系统的运行。通过一段时间的测试、完善，新系统稳定运行后，物美才进行了系统切换。

平行切换是一种相对稳健的系统切换方式，既保留了历史数据，又可避免因系统不稳定导致的经营中断风险。但由于要同时运行维护两个系统，成本投入较大。

（3）逐步切换。

逐步切换是指逐步用新系统替代老系统，直至全部替代完成。

物美从 SAP 系统切换到 DMALL OS 系统，采用了逐步切换的方式。在完成门店系统的切换后，物美又陆续进行了供应链、总部管理等系统的切换，最终完成了新旧系统的完全切换。

广联达也是采用逐步切换的方式实现了新旧系统的切换。2018 年底，广联达正式启动了系统重构的工作。出于对业务连续性、数据完整性的考量，以及对底层系统的支撑性和各环节优先级的评估，广联达制订了详细的系统切换计划，将系统分为运营系统和核心业务系统两大部分，先对核心业务系统中的产品研发、市场营销等子系统进行了切换，在完成核心业务系统切换后，又对运营系统进行了切换。

逐步切换的方式既有助于降低直接切换的风险，又可以降低平行切换的成本投入，但缺点是切换周期一般比较长。

三、建立数据驱动机制的关键——采集、治理、应用

当数据深入渗透到业务的各个环节，成为企业不可或缺的重要资产，数据的价值释放和深度应用成为企业数字化转型的重点。为实现数字化转型的战略目标，企业要注重通过数据的采集、治理与应用，开发数据价值，以数据驱动经营管理。

1. 数据采集

数据采集是业务流程数字化的前提，企业应以全方位视角，对全要素、全过程的数据进行系统性采集，要涵盖内部数据、外部数据以及定制化数据。

（1）内部数据采集。

三一重工将数据视为数字化转型的"石油"。基于此，三一重工首先在生产端对全流程数据进行自动化采集，实现从数据产生源头到数据使用终端的无缝衔接与自动化收集。具体来说，三一重工通过在机械生产设备上安装 IoT 传感器和摄像头等，精准捕捉并收集设备性能和运行情况等关键数据，如温度、压力、振动、电流等。三一重工能够实时掌握设备的运行状态，及时发现并预防潜在故障。

美的集团同样注重内部数据的采集与利用，美的集团积极运用物联网、云计算、移动互联网等数字技术采集工人、物料、设备等相关数据，并实现各类数据间的交互，以此获取颗粒度更细、更系统化的数据资源，为企业经营决策提供有力支持。

（2）外部数据采集。

外部数据采集主要是指通过开放 API 接口、爬虫技术、传感器技术等多种方式，实现对供应商数据、客户数据、竞品数据、行业数据等关键外部数据的全面收集。

在供应商数据采集上，三一重工通过 API 接口将研发平台与供应商研发平台进行了绑定，实现研发数据共享、双平台同步设计，在提高整体研发效率的同时，也将供应商的研发数据沉淀至系统后台数据，实现研发数据的集中存储。三一重工还将供应链系统通过 API 接口与供应商打通，供应商可以实时掌握新增订单量，三一重工也可以全面掌握供应商的订单完成数据、物流数据等。在客户数据采集上，三一重工通过产品上的传感器，采集客户设备运行数据等，并将数据上传至云端。

美的集团不仅通过导购、售后服务等多种渠道收集消费者的购买数据，还通过其智能家居平台收集大量的消费者行为数据。美的集团还借助自研的"开普勒"大数据决策支持体系，广泛采集涵盖30个行业、超过500个产品品类、50万店铺以及海量互联网用户的评价数据。

（3）定制化数据采集。

定制化数据采集，主要是指与专业的第三方合作，由第三方根据企业的定制化需求提供数据采集方案及数据集产品。

广联达聘用专业的数据服务商对其所需的公开招投标项目数据等进行采集。数据服务商将按照广联达的需求为其寻找合适的数据资源，并确保数据获取的安全性、合规性。在基础数据采集的基础上，数据服务商还会对多份原始数据进行整合处理，最终向广联达交付加工后的数据产品，以便广联达直接对数据进行分析、挖掘数据价值，大幅减少数据处理时间，提高数据应用的效率。

除了专业的数据服务商，一些互联网平台企业也提供定制化数据采集服务，良品铺子积极与阿里巴巴、京东、腾讯等企业合作，获取定制化的用户数据，以更全面地了解顾客的行为模式与消费偏好，从而更准确地捕捉消费趋势。

多种数据采集手段共同构成了企业数据采集的完整体系，为数据驱动的企业决策提供有力支撑。

2. 数据治理

要充分利用数据的价值并实现数据驱动经营，高效的数据治理至关重要，华为、广联达、九牧洁具、美的集团等企业都将数据治理当作数字化转型的重要工作。

数据治理有四大关键点：一是加强主数据统一管理，确保数据的一致性；二是提高数据质量，通过有效的数据清洗和校验手段，减少数据冗杂和错误；三是打破数据孤岛，实现数据的集成与共享；四是加强数据安全和隐私保护等，确保数据使用和传输的安全性和合规性。

（1）加强主数据统一管理。

主数据是满足跨部门业务协同所需的、反映企业核心业务实体状态属性的组织机构的基础信息[一]。也就是说，主数据是企业各系统间协同共用的、能描述核心业务的数据，包括客户数据、供应商数据、物料数据、产品数据等。主数据统一管理是指企业统一数据标准，提升数据的一致性、可用性。

美的集团主数据管理的核心目标是实现数据的标准化和一致性，实现所有部门数据统计口径的统一。为此，美的集团首先在集团层面成立了专门统一数据的部门，负责统筹管理产品、物料、业务部门、供应商、客户等环节的主数据。其次，聘请安永作为咨询顾问，借助其丰富的主数据管理经验，完成了数据标准化工作。美的集团张小懿坦言，主数据管理实属不易，例如在生产环节，为推进数据标准化，美的集团需要重新定义每一个产品、物料的编码，确保各事业部在描述同一款物料、产品时使用相同术语。这一工作看似简单，实际上任务量相当庞大，比如，美的集团仅物料编码数量就超过 100 万个。

广联达采用分步、迭代的方式进行主数据管理，秉持公司统一制定宏观规则、各个业务部门制定细节规则的原则，既确保了数据的标准化，又保证了标准化数据可以更加贴近业务。

[一] 中国信息通信研究院云计算与大数据研究所 CCSA TC601 大数据技术标准推进委员会：《主数据管理实践白皮书（1.0 版）》，2018 年。

企业对主数据进行统一管理，实现数据的标准化和统一化，可以确保所有的数据都能够在各业务单元间实现互通互联，从而促进各业务协同发展，提高企业整体运营效率。

（2）强化数据质量管理。

并非所有数据都具备创造价值的能力，质量低下的数据会导致数据分析结果失真。根据全球领先信息服务公司益博睿（Experian）的研究，不良数据带来的成本占大多数公司收入的 15%～25%[⊖]，不良数据还可能带来严重的风险。

因此，企业在数字化转型中必须强化数据质量管理，确保数据的准确、完整和一致，为业务的决策和运营提供有力支持。

贝壳对数据质量要求极其严格，不仅制定了详尽的数据采集标准，还不断对数据进行核验，保证数据质量水平。除此之外，贝壳还设置了一套完善的数据核实机制，若房源信息数据长时间未进行更新、维护，系统将自动触发数据核实任务，督促经纪人及时更新房源数据。若经纪人仍然忽视对房源信息数据的维护，该房源将降级至共享池，由其他经纪人接手。此外，贝壳还借助楼盘字典等工具，有效核验房源信息数据的真实性，确保数据的可靠性和高质量。

华为也非常重视数据质量管理。在客户数据管理上，华为专门成立"客户数据管理与服务化工作小组"，开展统一数据质量标准，明确数据管理责任，定期进行数据清理，去除冗余信息，纠正错误，统一格式等工作，使数据保持在较高质量水准。华为还注重落实相关管理责任，一旦发现数据质量问题，严格追究涉事人员责任，从根本上解决数据质量低下的问题。

⊖ ENGLISH L P. 2002. Total quality data management [M]// Information and database quality, pp.85-109.

（3）打破数据孤岛，数据集成共享。

数字化转型标杆企业普遍通过从思想层面提高数据共享意愿、从技术层面强制性打通数据流动以及从制度层面建立数据共享机制三个途径，打破了数据孤岛，实现了数据集成共享。

从思想层面提高数据共享意愿。为从思想层面提升各部门数据共享的意识和意愿，广联达着重强调"同一个世界、同一个广联达"，通过构建共同的目标和价值观，宣贯企业整体性的重要性，理解数据共享的重要意义，破除将部门数据视为私有财产的思想，从而促进数据在各部门之间的顺畅流通和共享。

阳光保险通过思想宣贯，提升各部门数据共享的意愿。阳光保险以案例的形式为各部门展示数据流动、共享的效果，从思想层面让各部门理解数据共享的重要意义，破除各部门独占、独有"数据话语权"的心理，引导各部门贡献数据，实现数据资源的流动和共享。

从技术层面强制打通数据流动。一些数字化转型标杆企业还通过技术手段，强制将各个部门系统的数据统一汇聚到企业的数据中心，让各部门的数据"无处隐藏"。

物美在解决数据孤岛问题时，首先将原有的几十个异构系统全部推翻重构，统一为一套 DMALL OS 系统，将所有业务流程产生的数据自动汇集到该系统，由该系统进行集中管理，让数据可以在有权限控制下在系统内流动共享。

中国平安作为拥有二十多家子公司的大型集团企业，在打破信息孤岛、实现数据整合的过程中，面临着巨大挑战。对此，中国平安采取了全集团一盘棋的做法，通过建设底层的大数据平台，强力打通部门间的数据"墙"，推动数据的跨部门流通。经过努力，中国平安成功将 1.7 万多个营业部的数据打通整合至大数据平台，打破了数据间的壁垒，为精准绘制客户画像和交叉销售奠定了坚实的基础。

从制度层面建立数据共享机制。 数字化转型标杆企业还建立了科学且完善的数据共享制度，通过奖惩机制、利益分配机制、责任分担机制等激励各部门贡献数据，实现数据的流动共享。

为激励经纪人分享数据，贝壳将数据共享量与经纪人展示位置关联，经纪人贡献数据越多，就可以获得越好的展示位置。同时，为避免经纪人录入虚假数据，系统通过交叉分析，检验录入数据的真实性，并基于数据生成反馈信息，帮助经纪人更精准地洞察客户需求，提高工作效率，激励经纪人进行数据共享。

广联达为促进数据共享，规定各业务部门必须将所有客户数据录入系统，不得隐瞒，一旦发现数据瞒报将处罚相关涉事人员。同时，规定各部门只有通过提出数据权限申请方可获得数据，由数字广联达部门对索取数据的必要性进行评估，避免数据的不当共享，让各业务部门更放心地共享数据。

（4）加强数据安全和隐私保护。

数字化转型标杆企业会从技术、管理、法律等多个层面出发，构建完善的数据安全防护体系，确保数据隐私保护的合规性。

用技术手段保障数据安全。 标杆企业通过密码学、访问控制、匿名通信、安全多方计算等多种技术保障数据安全与保护隐私。

中国平安格外重视数据安全和客户隐私保护，综合运用多种技术手段，对客户数据的安全进行保护。在数据传输过程中，中国平安利用SSL/TLS协议对数据进行加密，保证数据传输过程的安全可靠；在数据存储上，中国平安通过数据库加密、磁盘加密等技术手段，有效防止数据被非法获取或篡改；此外，中国平安还通过实施网络隔离等，进一步提升数据环境的安全性和可靠性。

类似地，广联达通过信息传输加密、设定随机代码等技术手段，保障数据传输和处理过程中的机密性和完整性。对于客户数据，广联达还特别为客户提供了 senseshield 网络安全防护软件，通过一系列的技术手段来防御网络攻击，保护用户在产品应用过程中的网络安全和数据安全。目前，广联达在数据安全方面已经达到 DCMM 三级认证标准，是民用最高级别。

建立完善的数据安全管理机制。为确保数据安全与隐私保护的有效推进，数字化转型标杆企业普遍建立了一套机制完善、权责清晰的数据安全管理制度体系。

九牧洁具的数据安全管理机制，不仅引入了华为的信息安全体系，还建立了与数据安全相关的系统，在网络安全、服务器安全、IQ 数据安全、接口安全、应用安全、数据安全、终端安全等方面做了大量的工作；并成立了数字安全监管委员会，负责对不同级别的数据进行严格管理，确保数据的安全与合规。此外，九牧洁具还强调业务部门主管是数据安全的第一责任人，由各个业务部门的一把手负责强化信息安全和岗位数据安全，以岗位为中心展开数据安全建设，并对数据安全进行监督与核查。

酷特智能高度重视数据安全的保护，通过编制规范的管理手册，为各级管理人员提供明确的操作指南。公司制定了《信息安全管理规定》和《信息系统运行维护管理规定》等一系列规章制度，对数据安全管理进行了明确规定。

数据安全和隐私保护已成为企业数字化转型不可忽视的核心议题，数字化转型标杆企业通过实施科学的数据安全管理制度，确保了数据的安全性与合规性，对其他企业有很好的借鉴意义。

数据分层分级，兼顾安全和效率。企业应实施数据分层分级管理，严格定义数据密级标准，并根据密级标准识别数据安全等级，采取适配的数据获取权限和安全策略，以取得数据安全、数据成本、业务效率的三方平衡。

华为构建了以元数据（即描述数据的数据）为基础的数据分级框架。数据产生后，华为首先对元数据进行扫描，识别数据安全隐私风险，并将数据分组，设定数据风险等级。同时，为了平衡安全和效率，华为将"协同工作效率提升"作为考核指标纳入信息安全管理部门的关键绩效指标，以此确保信息安全工作管理部门在保护数据安全的同时，时刻考虑效率提升，避免防范过度。

招商银行将确定数据秘密级别作为数据安全工作的切入点，对于非核心数据，以效率优先为原则进行管理和利用；而对于核心数据，则坚持安全优先，确保数据的安全性和完整性。在此基础上，招商银行明确了各级数据在采集、使用、传输、存储、归档、销毁阶段的管控要求和措施，以及与之配套的信息系统、工作场所、人员的相关要求。例如，招商银行将客户基本信息视为核心的密级数据，认为此类数据一旦泄露或被恶意篡改将会给客户带来巨大损失，也会给银行带来经营风险和声誉风险，并以最高管控标准对这类数据进行管理。

谨慎采集数据，明确数据归属。数据隐私保护的第一步就是以谨慎的态度合法合规地采集和获取数据，同时明确数据归属。

广联达始终谨慎地采集和使用数据，对于客户在广联达平台上产生的数据，广联达会进行严格的数据脱敏，使其失去个体特征，再将其转化为数据模块予以使用。对于客户的业务数据，广联达则表示必须要尊重和保护客户的数据隐私，坚决不在未经授权的情况下触碰此类数据。只有在客户明确委托广联达进行数据分析、数据治理等额外服务时，相关数据才会在客户的允许下被使用。

九牧洁具深知过度采集用户数据会让用户更加反感。因此，九牧洁具始终将数据视为一把双刃剑，在用户数据为产品开发、市场营销等提供了有力支持的同时，也强调客户的数据永远是客户的，保持对数据使用的敬畏，绝不触碰法律红线，不利用禁区数据谋取非法利益。

3. 数据应用

在做好数据采集工作、数据治理工作的基础上，数字化转型标杆企业还不断提高数据应用能力，释放数据价值，真正建立起数据驱动的应用机制。具体可分为五个环节，包括用数据描述业务现状、洞察业务规律、预测未来趋势、帮助制定决策以及管理数据资产。

（1）**描述业务现状。**

数据应用首先要聚焦在业务描述上，即通过数据或可视化图表精准描述业务进展和日常经营活动的实际状况，以直观的方式呈现数据背后的业务流程和逻辑，回答"是什么"的问题。

美的集团通过工业仿真技术实现了制造生产线的数字孪生镜像，每一个订单从下单、物料采购、组织生产、出库、配送到消费的全过程都能实现在线化和可视化。在集团总部及各工厂的大屏上，实时显示着生产、设备、品质、物流等关键业务数据，向管理人员反馈着全面、实时的运营情况。物美各门店的"数据驾驶舱"屏幕实时呈现门店整体订单、渠道小时级订单、门店来客、门店热力图、实时履约、Top10 商品排名等数据，实现了关键业务环节数据的可视化。

（2）**洞察业务规律。**

标杆企业还通过数据建模洞察业务深层次规律，回答"为什么"的问题。

良品铺子通过分析顾客搜索关键词、添加购物车行为、购买记录等数据，分析出哪些商品更受市场欢迎、哪些商品存在不足之处，并据此推出更符合市场需求的新产品。同时，良品铺子通过对会员基础信息、行为偏好等数据进行交叉比对，构建消费者个性画像，实现产品服务与消费者的精准匹配。

企业还可以通过数据分析，优化内部运营管理。华为一直重视产品经理的培养，通过分析已有产品经理的特质，提取相应的标签作为模型指标，并依此搭建产品经理评价模型，帮助企业挖掘数据背后的规律，进一步助力企业的经营管理。

（3）预测未来趋势。

企业可以利用先进的大数据和人工智能技术，预测市场动向、成本变化、供应链风险，甚至是消费者行为等，提前做好相应的准备或采取必要的措施，回答"向哪走"的问题。

物美通过分析客户和销售数据，预测成本和价格波动、市场需求变动等关键趋势，以提前做好相应安排。中国平安借助大数据和人工智能技术，能够挖掘业务规律，具备了预测、预警和预案制定的能力，车险的 3 个月保费收入预测的准确率提升至 95%，显著提高了预测的精准性。

（4）帮助制定决策。

在趋势预测的基础上，企业可进一步利用数据辅助决策或直接进行决策，从过去依赖个人直觉和经验的决策模式，逐渐转变为基于数据的决策模式，回答"怎么办"的问题。

通过数据应用的不断深化，物美逐步实现通过数据驱动业务决策。比如，物美能够根据商品存储时间等数据，自动为滞销商品提供鲜度提醒及降价计划决策，店员可根据系统提示检查、出清滞销商品，对库存商品进行鲜度管理。

华为同样重视数据驱动决策，在供应链管理上，华为可以实时分析全球订单数据、生产数据、发货数据、物流数据、计划预测数据、供应风险点数据等，并在系统权限内进行自动决策。对于超出系统权限的部分，系统会将分析后的结果推送给相关业务主管，辅助业务主管进行决策，提高了决策的科学性和效率。

（5）管理数据资产。

根据现有《企业会计准则》[一]，资产是指企业过去的交易或者事项形成的、由企业拥有或者控制的、预期会给企业带来经济利益的资源。相对应地，数据资产则是企业在以往的经济社会活动中形成的、由企业拥有或控制的、预期能够为企业带来经济利益的数据资源。随着数字经济的发展以及企业数字化转型的深入，数据成为企业的新型资产已成为共识。财政部在2022年提出企业数据资源可作为资产列入财务报表[二]。同年，中国资产评估协会出台了数据资产评估的实务操作[三]。

目前，大部分企业对于数据资产入表仍没有给予实质性重视。一些金融机构在进行一些探索，如阳光保险、光大银行等，但由于数据资产的定价机制尚不清晰，加上上市公司的谨慎性，它们尚未在财务报表中体现数据资产。

讨论：数字化转型中如何看待数据中台

数据中台在企业数字化转型中能起到重要作用，可以实现数据的集中管理、标准化处理和高效利用，为企业决策提供有效的支持；数据中台还强调数据共享，打破数据孤岛，实现互联互通、快速响应。但数据

[一] 中国财政部：《企业会计准则——基本准则》，2006年。
[二] 中国财政部：《企业数据资源相关会计处理暂行规定（征求意见稿）》，2022年。
[三] 中国资产评估协会：《数据资产评估指导意见（征求意见稿）》，2022年。

中台搭建投入大、周期长，信息化程度低、数据积累不足、业务尚未很好实现线上化的企业或业务单一的企业，对搭建数据中台应持谨慎态度。

1. 数据中台的作用

数据中台在企业数字化转型中扮演着重要角色，发挥的作用是多方面的，主要来说有以下几个方面。

（1）打破数据孤岛，激活数据价值。

在企业内部，"数据孤岛""数据烟囱"等现象非常常见，造成数据分散、割裂，阻碍数据共享、复用。数据中台能有效帮助企业打破数据孤岛，汇聚各部门的数据资源，为企业决策提供更为全面的数据支持，充分发挥数据价值。可见，数据中台能够有效解决企业数据分散、割裂等问题，激活数据价值，推动数据在企业经营管理中发挥更大作用。

良品铺子在多年发展过程中积累了大量的数据，既包括分散在多渠道的消费者数据，又包括企业内部研发、生产、销售等各部门的业务数据。通过构建数据中台，良品铺子实现了对线上、线下90多个渠道的数据整合，能够进行更为全面、精准的消费者洞察，统筹进行全域营销。不仅如此，良品铺子还通过业务中台集成了会员、营销、商品、库存、订单、物流等关键业务数据，通过数据分析指导各个业务决策。

金风科技的业务数据散落在不同的业务系统中，形成数据孤岛，难以实现数据的集成和共享，难以发挥数据的价值。为应对这些挑战，金风科技依托 PowerSphere 数据中台实现对设备、产品、流程、人力等多维度数据的集成，实现对数据的统一管理、分析和应用。此外，金风科技利用数据中台整合了超过 105GW 的清洁能源资产运行数据与环境数据，实现了从单个设备到云端的数据开放与互联。这些帮助金风科技更加全面、精准地分析数据，优化能源的生产、传输、存储和消费过程，洞察市场新需求，进而为客户提供更多增值服务。

（2）整合、分析数据，助力各业务数字化。

数据中台作为企业数字化转型的中枢，能够对业务流程中产生的数据进行全方位采集、整合、分析，从而更好地帮助企业实现业务的线上化，实现业务流程的数字化，进而推动业务与数据的深度融合，进一步助力业务流程的数字化转型。

三一重工搭建了全场景数据中台，有效推动了业务流程的数字化转型。以生产流程为例，基于数据中台在无人下料、自动分拣、自动焊接、机器人喷涂等关键生产环节的数据积累、数据分析，不仅提高了生产效率，还确保了产品质量的一致性和可靠性，更好地实现了生产流程的数字化转型。

美的集团搭建的数据中台同样帮助其实现了从产品研发到生产制造再到销售服务全价值链的数字化转型。在供应链管理环节，美的集团通过数据中台实时获取并分析供应商产量数据、物流数据、库存数据等，实现精准的供应链管理决策，制定合理的物料需求和补货策略，减少库存积压和物流成本。在销售服务环节，美的集团通过数据中台整合线上线下销售渠道数据，实现销售数据的实时分析，优化销售策略，提升服务质量和客户满意度。

（3）深度洞察客户需求，创造更大客户价值。

凭借强大的数据整合与分析能力，数据中台可以帮助企业实现客户需求的深度洞察，创造出更大的客户价值。

在天猫 6·18 期间，良品铺子充分利用数据中台进行消费者人群洞察，通过数据分析驱动，向消费者推荐更符合其个人需求的产品，实现"千人千面"的精准营销。不仅如此，良品铺子的数据中台在产品研发方面也发挥着巨大作用，借助数据中台可以广泛收集市场信息、消费者行为数据和反馈意见；数据中台在配方和口味优化、包装设计、供应链协同方面提供指导；数据中台还支持产品原型的测试和反馈收集，在产品上市后，持续收集销售数据和消费者反馈，实现产品的持续改进和创新。

数据中台通过整合和分析来自不同渠道的客户数据，使企业能够构建全面的客户画像，从而更准确地理解客户的行为、偏好和需求。这种深度洞察不仅有助于企业优化现有产品和服务，还能帮助企业预测市场趋势，开发新的产品线，为客户提供个性化的推荐和更加贴心的服务，更好地满足客户需求，创造出更大的客户价值。

2. 企业都需要搭建数据中台吗

在推进数字化转型的过程中，企业并非必须搭建数据中台。搭建数据中台投入大、周期长，企业在决定是否搭建数据中台时，应充分结合自身的实际情况，全面考量。

信息化程度低、数据积累不足、业务尚未很好实现线上化的企业，可以先不急于搭建数据中台。物美张文中认为："企业搭建数据中台的前提是已经有了一定的数据沉淀，否则数据中台的价值将难以实现。"这主要是因为数据中台的核心功能在于对海量数据进行分析，缺乏充足数据基础的企业将难以发挥数据中台的作用，自然不必在搭建数据中台上投入大量资源和精力。

对于业务简单、规模较小的企业，数据中台也不是必需的，因为其数据无法得到充分复用。良品铺子在数字化转型之初，因为产品种类较少，各品类的数据相对好管理，因此并没有选择建立数据中台。随着公司规模以及产品线的不断扩张，产品品类日益增多，数据量激增，数据管理与应用的复杂性上升，良品铺子才开始构建数据中台。

对于还没有设立专门负责数据管理的部门的企业，搭建数据中台也应谨慎。要使数据中台顺利运行、发挥作用，企业需要有独立的部门来管理，需要具备相应的配套机制，需要统筹协调各部门在数据的贡献、使用、管理等方面的问题。因此，对于暂时无法满足这些条件的企业来说，搭建数据中台的条件尚不成熟。

由此可见，企业在数字化转型时，并不是一开始就要引入数据中台，而应综合考虑自身的 IT 技术基础、数据量和复杂程度以及配套机制等因素，只有在条件较为成熟的情况下，数据中台的引入才可能取得预期效果，否则很可能造成人力和财力的浪费。

第七章

转人力资本：外引内培、多元考核、情利激励

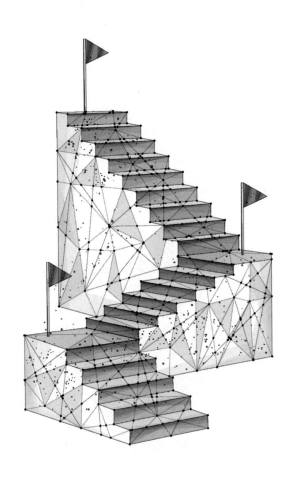

人力资本是企业数字化转型的基石，是转型的推动者和实施者。麦肯锡咨询公司认为，打造一支数字化人才队伍是企业数字化转型成功的关键。然而，一些企业在数字化转型中忽视了自身数字化人才队伍建设，导致企业数字化转型不力。

在数字化转型战略地图中，人力资本包括外引内培、多元考核和情利激励三个部分，如图7-1所示。人力资本中数字化人才队伍的建设可以采取外部引入加内部培养的方式；对数字化人才的考核不应仅局限于财务指标，应增加业务支持等非财务指标；对数字化人才在做好物质利益激励的同时，应加强精神层面的关心和激励。

企业在数字化转型过程中，需要实现从传统人力资本到数字化人力资本的转变，才能支撑业务流程的数字化落实，才能顺利实现数字化转型的战略目标。

一、企业需要哪三类数字化人才

美的集团董事长方洪波认为："数字化人才不仅要懂各种数字技术，还要有数字化思维，懂传统业务的结构，甚至还要对未来的业务模式、方法有深刻的洞察力。"阳光保险董事长张维功强调数字化人才应该懂业务、懂经营、懂管理和懂数据，要具备跨学科知识和技能。

数字化人才是既懂技术又懂业务的复合型人才，不仅要具备数字专业知识，更要对业务有深刻理解，能够用数字技术推动业务创新发展。数字化人才可以分成三类：**数字化管理人才、数字化专业人才以及数字化应用人才**。三类人才相辅相成，成为推动企业数字化转型和创新发展的关键力量。

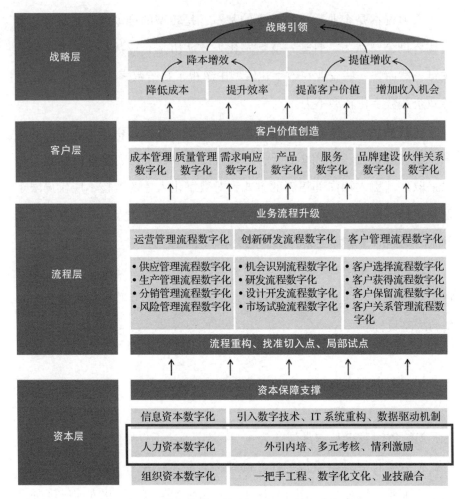

图 7-1   数字化转型战略地图——转人力资本

1. 数字化管理人才

数字化管理人才是推进企业数字化变革的人才，往往是企业数字化转型的直接负责人，通常是企业的一把手和高层管理人员，以及各业务部门负责人（CXO）等，是企业的核心管理者。数字化管理人才作为推动企业数字化转型落地的关键角色，在企业数字化转型中发挥着重要作用。

　　数字化管理人才无须是数字技术专家，但必须对数字化发展趋势有系统思考和整体认知，在深度思考的基础上指明转型方向并制订整体规划，带领企业完成数字化转型。

　　阳光保险的数字化转型战略由董事长张维功提出并与CEO李科共同推动。张维功强调："只有用科技创造出先进的武器，才有资格去参加未来的战斗。"作为数字化转型的领导者和战略制定者，张维功亲自参与战略规划，将阳光保险的数字化战略方向分解为战略驱动、目标驱动和客户驱动，并亲自把控战略驱动和目标驱动两个方向。李科作为阳光保险数字化转型的直接负责人，承担战略落地和关键举措实施的重任。基于对阳光保险数字化转型战略的深入理解，李科进一步提出五个核心能力的建设，即数字化客户洞察、数字化营销、数字化产品创新、数字化风控以及数字化运营的能力，以这五个能力的建设为牵引推动企业数字化转型的落地。

　　九牧洁具CIO叶火龙具备超过15年的数字化转型实战经验，曾主导过多个大型企业的数字化转型。他帮助九牧洁具在"一个九牧洁具、一套体系、一个标准"的目标下，建立起3大技术平台、4大管理平台以及12大运营系统，展现了独到的战略规划和战略执行能力。

2. 数字化专业人才

　　数字化专业人才是数字化转型技术方案的关键实施者，他们往往是业务架构师、软硬件工程师、用户体验设计专家、大数据专家等，具有很强的技术背景和丰富的项目经验，不仅能够规划数字化转型的技术路径，还能引入合适的数字技术为业务赋能，推动数字化转型落地。

　　随着数字化转型的不断深入，数字化专业人才的作用逐渐加大，人员占比不断提升。2023年阳光保险集团总部及各子公司总部的数字化专业人才达到 1500 多人，占集团总部及各子公司总部员工人数的 33%。同时，为了加速数字化专业人才对业务的深入了解，阳光保险提出定期按一定比例将专业人才前置到各业务部门，通过让专业人才实地支持、运营相关项目，来验证数字技术对业务的价值。贝壳同样重视数字化专业人才队伍建设，以惠居业务线为例，数字化专业人才占比高达 60%～70%。

3. 数字化应用人才

数字化应用人才更多承担数字化转型战略执行的角色，他们负责提出数字化需求、定义应用场景、使用数字化工具，助力企业实现"业务数字化"。

数字化应用人才需要既懂技术又懂业务，数字技术人才在深度接触业务的过程中，或业务骨干在不断掌握数字技术的过程中，深入思考数字技术如何更好地与业务场景结合，找到数字技术与业务融合的最佳方法。

贝壳从各个层面推动数字化应用人才对业务的赋能。他们将数字化经纪服务职业技能分为初、中、高三个等级，初级数字化经纪人开展社区调研和分析、数字化房源管理、线上约看及讲房、服务品质管理、社区服务运营、智能设备/技术应用等业务；中级数字化经纪人开展在线需求匹配、房屋价值评估、在线评估测算、交易管理、智能设备/技术应用与创新等业务；高级数字化经纪人开展数字化门店规划、数字化应用（风险管理、置业分析等）等业务。

二、数字化人才队伍构建三要素：外引内培、多元考核、情利激励

企业在构建数字化人才队伍的过程中，可以从外部积极引进具备

数字化技能和经验的优秀人才，也可以通过内部培训，促使传统业务人员和技术人员不断提升自身能力，逐步发展为复合型数字化人才，还要加强对数字化人才队伍的物质激励和情感关怀，保证数字化人才队伍的稳定性。

1. 外引内培

（1）外部引入。

企业可以通过外部招聘来吸引具备数字化技能和丰富经验的专业人才，这些人才通常来自数字原生企业或数字化转型领军企业。通过引入这些人才，企业可以快速学习和借鉴数字原生企业和数字化领军企业的经验，快速提升自身的数字化能力。

2020 年，美的集团提出了"全面数字化、全面智能化"的战略，并在人才招聘策略上向数字原生企业倾斜，从外部引进大量数字化人才，其中不乏来自百度、阿里巴巴、腾讯、微软等企业的优秀人才。良品铺子在推进数字化转型时，也通过猎头公司引进了一批来自华为、IBM 等企业的数字化专家。九牧洁具在招聘数字化人才时，不仅关注具有数字原生企业工作经验的人才，还积极吸纳同行业的数字化人才，甚至是跨行业的数字化人才；只要是符合企业需求、具有数字化技能和经验的人才、均可成为引进的对象。

当然，企业也可以通过校园招聘等方式，直接选拔具备数字化专业背景的应届毕业生作为储备人才。对于应届毕业生，很难要求其具有丰富的数字化经验。因此，物美校园招聘关注的重点是人才的数字化基础能力和创新能力，尤其看重对数字化的敏感性以及接受新事物的能力。广联达与高校合作，一方面招收工程管理、工程造价等专业的业务型人才，另一方面也关注大数据、人工智能等领域的专业人才，通过广阔的职业成长空间、优厚的薪资待遇来吸引数字化人才加入。

（2）内部培养。

华为CIO陶景文强调，企业进行数字化转型，必须重视培养既懂业务又懂技术的内生的数字化人才，避免因为过度依赖外包导致技术能力的"空心化"。一方面要培养业务人员的数字化意识与思维，另一方面要培养技术人员的业务能力，打造一支既懂技术又懂业务的数字化复合型人才队伍。

（3）多种形式、全员数字化培训。

企业在数字化转型过程中，需要根据自身的转型目标，根据员工的技能水平和岗位需求，因地制宜地以多种形式对全体员工进行系统化的培训，要特别注重结合具体实践项目进行培训，以切实提升全员数字化应用能力。

物美设立了物美发展学院，针对不同层级的员工制定了不同的数字化培训方案。对门店员工，以DMALL OS系统的工作流程为基础，采用线上线下结合、实操与理论考试相结合的方式开展培训，以提升店铺员工的数字化应用能力；对于总部职能部门的员工，通过大讲堂、轮岗等方式进行培训，针对性提升其数字化能力；对于中高层管理人员，则定期邀请外部机构进行培训，增加其与外部交流学习的机会，拓宽视野和思维。

华为采取了全方位、多层次的培训计划，培训对象从基层员工到管理层甚至到领导层，确保所有转型相关人员都能得到必要的培训；培训内容既包括必备的技术，又包括在数字化转型应用场景中的实战演练。良品铺子在培养数字化人才方面有着独特的传帮带机制，除了开设系统性的数字化培训课程，良品铺子还鼓励老员工在日常工作中将数字化工作经验传授给新员工，潜移默化地帮助新员工在实践中锻炼数字化思维和技能。

数字化人才的培养，仅仅依靠企业内部资源是不够的，企业还应积极利用外部资源，高质量推动数字化人才的培养。三一重工除了定期邀请高校的专家学者举办讲座，还设立优秀员工送读机制，提供国内外高校的数字化学习机会。金风科技与德国弗劳恩霍夫研究院建立了密切联系，该研究院为董事长武钢等数字化管理人才完整解读了德国工业4.0，并通过实地讲解为其展示了产业数字化的具体实践。

（4）推行数字化资格认证。

推行数字化资格认证也是企业普遍使用的数字化人才培养方式之一。企业不仅可以直接引用通用的资格认证体系，也可以根据自身业务需求和发展规划，制定特有的数字化评估体系。

九牧洁具高度重视数字化人才的资格认证，借助认证明确岗位的数字化技能标准，让员工设立明确的学习目标，自我驱动实现自身数字化能力的提升。员工在取得相应的资格后，也可以获得更好的职业发展机会，如数字化系统操作员，就明确要求持证上岗。

美的集团建立了完善的数字化能力认证体系，将认证分为个人认证和团队认证，个人认证分为三个等级，团队认证分为四个等级。

2. 多元考核

数字化转型会引起权责利的变化，打破企业内部原有的价值分配与评价体系，绩效评价、利益分配都会发生改变。因此，伴随数字化转型，激励机制、考核机制、利益分配机制等也需要相应调整，企业必须针对数字化人才建立多元化的考核机制。

（1）将数字化工作指标纳入考核体系。

随着数字化转型的深入开展，企业要将数字化工作指标纳入考核体系。三一重工要求各部门负责人在工作规划中制订详细的数字化转型项目规划，并直接向董事长汇报，经董事长审批后执行，同时要求要把所有工作进程都录入管理系统，由董事长办公室根据各部门每周更新的任务进度和证明材料，对数字化转型项目进行评分，评分结果与年终绩效考核紧密挂钩。

多家标杆企业都将数字化工作相关指标纳入考核体系，以激励员工积极开展数字化转型工作。天虹股份将数字化能力作为员工能力考核的一部分，将数字化能力指标纳入考核体系，进而建立数字化KPI体系，使数字化能力指标直接和人员选拔、任命和收入等方面挂钩，权重占比达到10%～20%。并且，对于该指标考核不合格的员工，天虹股份可采取解聘措施。

（2）数字化转型考核指标不能局限于财务指标。

数字化转型效果具有潜在性、滞后性，企业很难仅依靠财务数据全面衡量数字化转型的价值，也很难将财务指标作为绩效评估的唯一指标。对此，数字化转型标杆企业在设置绩效考核指标时，往往不会局限于财务指标，而是更全面地衡量数字化贡献。

在广联达，对于支撑企业内部业务运营的数字化转型项目，很难通过财务指标对其进行考核，此类项目多由项目负责人与公司管理层共同制定考核指标，如系统上线时间、系统使用率等，据此对项目进行考核。而对于面向客户的数字化转型项目，广联达在考核业务收入等财务指标的同时，还重点考核客户满意度、客户推荐值、客户生命周期价值、客户流失率等指标。

中国平安在衡量数字技术创造的商业价值时，设立了三项绩效指标：提升客户体验、降低成本、支持业务发展。对技术项目绩效考核分为四个阶段，顺序依次为：建立场景、建立流量、产生收入，最后一个阶段才是盈利。非财务指标在前，财务指标在后，以解决技术创造价值的滞后性和不确定性问题。

3.情利激励

为更好地推进数字化转型，企业还应建立一套针对数字化人才的激励机制，兼顾利益激励和情感激励两个层面，情利结合，更好地调动数字化人才的积极性，以使数字化人才发挥出更大作用。

（1）利益激励。

利益激励是激励的基础，企业通过给予员工物质激励，如薪酬、奖金、股票等，可以激励员工积极工作，为企业创造更多价值。企业在数字化转型过程中，也要给予员工适当的物质激励，才能激发员工拥抱数字化转型的热情，加快数字化转型的进程。

中国平安在提出数字化转型后推出团金会激励机制，通过"团金 e"系统形成了内部业务部门的分红机制。"团金 e"以积分的形式跨业务地对员工进行激励，促进跨部门的数字化转型项目的开展。在该机制下，销售人员销售其他部门的产品和服务也能够获得收益分成，机制遵循多劳多得、上不封顶的原则。类似地，技术部门通过技术赋能前端业务成长，也可以收获前端业务部门的分红。这种激励模式不仅增加了产品和服务的销量，为集团带来了更多的利润，也促进了技术与业务间的紧密合作，让技术部门可以更好地站在业务的角度思考如何利用技术推动中国平安的业务升级，推进中国平安数字化转型的深化。

三一重工十分重视对数字化人才的利益激励，参照互联网企业制定数字化人才的薪资结构和薪资水平，数字化人才的薪资水平明显高于其他员工；三一重工还在 2021 年推出了股薪制，将激励周期缩短为 1 年锁定期、2 年解锁期，让数字化人才可以更快地分享数字化转型的利益，大大提升了他们工作的积极性。

（2）情感激励。

我们认为利益激励是激励的基础，但随着利益激励力度的加大，其边际效用会递减，此时情感层面的激励更为有效，可以提升利益激励的效用，尤其对高层管理人员、知识型员工、Z世代员工更为有效。

广联达、物美、贝壳等标杆企业都是在物质利益激励的基础上，将优秀的数字化转型项目整理成案例、树立典型，进行全公司表彰，并让被表彰员工向其他部门宣讲、分享成功经验。这种做法不仅使大家能够直观地看到标杆的作用，也大大提升了被表彰员工的认同感、归属感、责任感，让他们感受到被认可和自我实现的价值，满足其精神层面的需求，提高利益激励的边际效用，进一步激发员工对数字化转型工作的热情。

（3）容忍犯错，以正向激励为主。

数字化转型会遇到众多挑战，创新是应对这些挑战的重要手段，但创新存在不确定性，企业要有容错机制，要加大对数字化创新的激励力度。

贝壳在数字化转型过程中建立了试验田机制，以鼓励数字化人才参与创新实践；同时，还为试验田设置了合理的容错空间。彭永东表示，对于创新型的数字化项目，贝壳不一味地要求取得预期效果，甚至不要求一定有正向成果，只要项目可能加深企业数字化转型成效，可能实现企业数字化转型目标，就鼓励相关负责人进行创新。阳光保险为鼓励数字化人才创新设置了"罗布泊"工作机制，通过"以小比例扣减体现心力和愿力，以大比例奖励体现创新价值"的方式激励创新。阳光保险对于未完全达到预期目标或存在轻微失误的工作，采取较为温和的小比例扣减惩罚措施，而以大比例奖励方式来激励取得良好创新成效的个人或团队。

讨论：如何平衡数字化人才队伍的内培外引

企业数字化转型离不开数字化人才的支撑，企业都非常重视自身的人才队伍建设。然而，随着数字技术的快速发展，企业所需的数字化人才队伍规模日益增大，自己培养人才周期变长、成本变高、难度变大，在此背景下，一些企业把引入数字化外包团队作为数字化人才队伍搭建的重要途径。

自培型数字化人才是指通过培训成长为数字化人才的企业自己的员工；外包型数字化人才则是指第三方服务商提供的数字化人才。

那么，自培型和外包型数字化人才各有哪些优劣势？企业需要自己培养数字化人才队伍吗？

自培型数字化人才能够高度认同企业文化、深度理解企业业务，更能领悟企业数字化转型的战略目标，并制定出更符合企业实际情况的具体方案。此外，在数字化转型过程中，跨部门协作非常关键，在自培型数字化人才的努力下，企业内部的"部门墙"更容易被打破，业务与技术部门可以更有效地进行协作，确保企业数字化转型战略稳步落地。

另外，相较于外包型数字化人才，自培型数字化人才具有更高的稳定性和忠诚度，可以降低因人员流动导致的项目中断或数据泄露风险。Ponemon研究院的《数字转型与网络风险》指出，82%的受访者认为自身在数字化转型过程中至少经历了一次数据泄露事件，发生这类事件的一个重要原因在于企业对外包服务商的依赖度上升；55%的受访者认为外包服务商至少需要对其中的一次数据泄露事件负责。

但是，自培数字化人才通常需要大量的时间、资金投入，数字化转型相关技术和技能迭代迅速，企业不仅要持续研究前沿的数字技术，还需要将前沿技术与业务融合，不断更新数字化人才培养体系。即使在完善的数字化人才培养体系下，不同员工的数字化认知度、数字化能力差异也较大，企业很难快速将原有人才培养成为专业的、成熟的复合型数字化人才，这可能会导致企业数字化转型进度延缓。

而外包的数字化人才团队通常由经验丰富的数字化专家组成，他们拥有丰富的数字化知识，可以快速提供全面的技术支持和解决方案。同时，外包服务提供商通常与多个客户合作，拥有丰富的成功经验和失败教训，企业可以借鉴不同企业的数字化转型实践，少走弯路，加快转型进程。

然而，虽然外包团队拥有较为丰富的、普适性的经验，但是各企业业务逻辑不完全相同，外包团队不一定对每一个具体服务企业的业务都有深刻理解，一旦存在认知偏差，可能导致交付成果与业务需求不匹配，甚至会导致企业数字化转型受阻。正像九牧洁具运营总裁林晓伟描述的那样，外包公司很难通过几个月或半年深入了解九牧洁具的业务运作方式。此外，相较于自培型数字化人才，外包型数字化人才获取企业内部信息的难度更大，可能会影响最终交付成果的准确性。

一般来说，企业在数字化转型初期往往会选择引入外包型数字化人才，与自培型数字化人才共同开展工作；随着转型不断深入，会逐渐剥离外包型数字化人才，更多发挥自培型数字化人才的作用，进一步促进技术与业务的深度融合，推动数字化转型落地。

良品铺子在数字化转型初期选择外包与自培相结合的方式构建数字化人才队伍。以会员系统建设为例，良品铺子的产品经理、研发工程师、测试人员等组成的自培型数字化人才团队，与外包型数字化人才团队合作开发会员系统。外包型数字化人才团队按照业务需求进行定制化开发，自培型数字化人才团队在传递业务需求的同时，对会员系统进行全面的了解和学习，为后期的系统运维和迭代升级做准备。

　　美的集团在数字化转型初期，自培型数字化人才团队尚未完整建立。因此，也首先外聘外包型数字化人才团队，由其根据业务需求在标准化系统的基础上进行二次开发。在此过程中，美的集团 IT 部门人员承担产品经理的角色，成为业务部门与外包型数字化人才沟通的桥梁，帮助外包型数字化人才理解美的集团业务逻辑，同时学习外包型数字化人才团队的经验。随着数字化转型的深入，美的集团逐渐发现二次开发的标准化系统难以跟上业务的发展，很难与业务保持高度的适配性，即使完全定制开发难度也非常大。基于此，美的集团开始逐渐剥离外包型数字化人才，转向以自培型数字化人才为主，通过边培养、边探索的方式，根据自身的业务发展需求，对 APS、SRM 等核心系统展开全面自研，确保核心系统能够高度支持业务的数字化转型。

　　当然，这并不意味着随着数字化转型的深入，企业就再也不需要外包型数字化人才。有些企业会选择让自培型数字化人才聚焦于核心业务的数字化转型，将非核心业务的数字化转型交给外包型数字化人才。

　　金风科技就是由自培型数字化人才掌管技术研发及市场销售、服务环节的数字化转型，而由外包型数字化人才负责制造环节的数字化转型。此外，很多企业选择将大部分人力资源、财务等职能部门的数字化转型交由外包型数字化人才负责，自培型数字化人才参与较少，这是因为职能部门的数字化转型更为标准化，外包型数字化人才在这方面经验丰富且成本较低。

　　企业在转型过程中的数字化人才队伍建设策略是动态调整的，需要综合考虑重要程度、速度、安全、成本等多方面因素。

第八章

转组织资本：一把手工程、数字化文化、业技融合

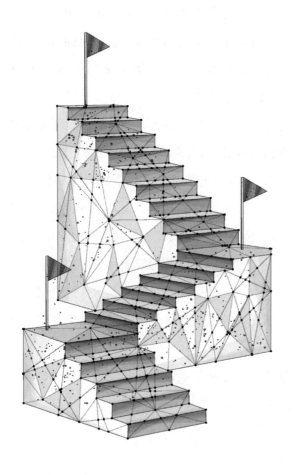

数字化转型的成功必须有强有力的组织资本作为支撑。美的集团董事长方洪波曾说："真正决定数字化转型成败的并不是技术，而是人的思维意识的改变，以及组织方面的变革。"天虹股份前董事长高书林表示："一定不能够把数字化的转型看成单独的业务转型，它一定是业务转型加上组织管理变革和企业文化的变革，是一个三位一体的系统工程。"在推进数字化转型战略的过程中，企业需要高度重视组织资本的构建与转型。

在数字化转型战略地图中，组织资本打造需要一把手工程、数字化文化和业技融合，如图 8-1 所示。企业数字化转型必须是一把手工程，只有一把手亲自下场才能破除重重障碍，推动转型的顺利实施；企业数字化转型需要积极营造数字化文化，使企业全员达成转型共识；企业还要对组织结构进行相应调整，组建统筹负责数字化转型和方案落地的部门，设立业务部门和技术部门深度融合的机制。

一、如何理解一把手工程

数字化转型必须是一把手工程。企业的数字化转型需要由企业一把手提出并发起，一把手不仅要引领转型进程，还要深度参与到转型过程之中。本书提到的企业一把手是指企业的创始人、董事长或 CEO，如美的集团董事长方洪波、三一重工创始人梁稳根、广联达创始人刁志中等。

数字化转型是一把手工程已成为社会各界的普遍共识。除了企业界，我国国资委[⊖]、工信部[⊜]、地方政府[⊜]等部门也将企业数字化转型定调为一把

⊖　国务院国有资产监督管理委员会：《关于加快推进国有企业数字化转型工作的通知》，2020 年。

⊜　工业和信息化部办公厅：《中小企业数字化转型指南》，2022 年。

⊜　上海市国有资产监督管理委员会：《创新使命责任书》，2020 年。

手工程。埃森哲[⊖]、科锐国际[⊖]等商业服务机构发布的报告也指出，一把手的参与度很大程度上决定了数字化转型能否取得好的成效。

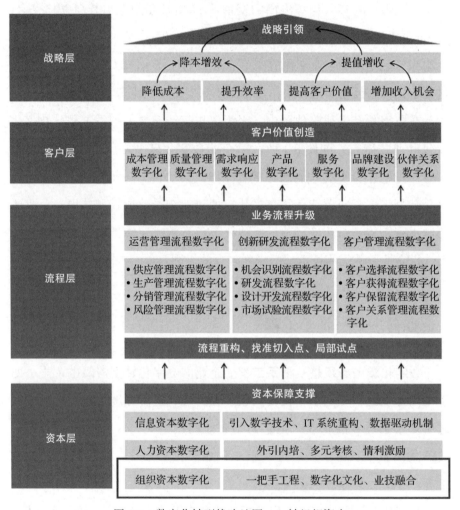

图 8-1　数字化转型战略地图——转组织资本

那么，为什么企业数字化转型必须是一把手工程呢？

数字化转型是全局性的战略变革，必须由一把手统筹全局。数字化

⊖　埃森哲：《2021 中国企业数字化转型指数》，2021 年。
⊖　海德思哲、科锐国际：《从蓝图到伟业：中国企业数字化转型的思考与行动》，2020 年。

转型是一项系统性、全局性的深刻变革，它涵盖了业务架构设计、转型节奏把控、组织结构调整、工作机制革新以及企业文化重塑等多个层面，必须由企业一把手亲自挂帅，进行统筹规划和精准施策，任何一个业务部门或IT部门负责人都难以担此重任。正如高书林所强调的："数字化转型一定是一把手工程，本质上不是一个纯技术的问题，而是公司的战略和价值创造的问题。"

在良品铺子数字化转型过程中，作为一把手的杨红春亲力亲为，坚定推动数字化转型。他亲自设计数字化转型战略规划和业务框架、做出投资决策、引入合作伙伴、构建项目团队，还带领高管深入研讨、推动一线员工转变思维。阳光保险董事长张维功是公司数字化转型的领导者和战略制定者，他提出并牵头构建了阳光保险数字化转型的四大底座——外部创新链接与孵化团队、外部支持技术团队、数据和架构团队、外部场景寻找与嵌入团队；他还强调阳光保险数字化转型的核心在于战略驱动、目标驱动和客户驱动，并亲自负责战略驱动和目标驱动，确保阳光保险数字化转型的大方向不出错。阳光保险副总经理谷伟在评价阳光保险的数字化转型时指出："一把手（张维功）的全力推动在转型过程中起到了非常关键的作用，对于数字化转型，一把手必须得重视。"

数字化转型需要大量的资源投入，必须由一把手拍板决策。数字化转型并不仅仅是原有IT系统的简单升级或某个数字化项目的开发，而是涉及企业的方方面面，需要巨大的、长期的人力、物力、财力等资源的投入，但转型成效具有不确定性，只有企业一把手才有这种权力来拍板决策。

在董事长方洪波的带领下，美的集团在实施632项目期间，资金总投入将近20亿元，IT团队从100人左右扩张到超过1000人。为了用数字化的方式打造统一的管理体系，方洪波表示："哪怕投入的二三十亿打水漂也要做。"美的集团副总裁兼 CDO 张小懿表示："我做数字化 2.0 这个项目，钱不够，波哥二话不说批了几千万。"自 2012 年至今，美的集团已累计投入超过 190 亿元进行数字化转型，这种巨大的资源投入没有一把手的拍板是不可能的。

此外，在数字化转型过程中，不同部门之间往往存在争夺资源的情况，这时需要一把手的统筹协调。在三一重工的数字化转型过程中，创始人梁稳根亲自统筹资源，亲自牵头为每一个事业部、子公司设定数字化财务预算，对资金的使用也提出了具体要求。因此，三一重工各部门数字化转型所需的资源得到了很好的保障。

数字化转型触及多方利益，必须由一把手消除阻力。企业在数字化转型过程中，不可避免地会涉及各利益相关者的权、责、利的重大调整，如果没有一把手强力推动，很难改变原有格局，很难使数字化转型方案顺利落地。

广联达在数字化转型初期，产品从一次性收费模式向订阅式收费模式转变，导致销售人员在短期内的提成减少，利益受到损失，产生了很大的抵触情绪。如果没有刁志中的强力推进，产品上云、收费模式转变就可能面临失败，广联达的数字化转型就不可能成功。

伴随着企业数字化转型，组织架构、业务流程等都会进行较大调整，权力、利益会重新分配，很可能会触及一些部门、员工的既得利益。只有一把手才能强力破除利益关系改变带来的转型阻力。美的集团董事长方洪波的观点颇具代表性，他表示："推动数字化转型的一定是一把手，如果一把手不推，永远都推不动。一把手想推，再大的困难也会解决。"

二、如何打造数字化文化

1. 数字化转型需要建立数字化文化

Denison 等曾指出："文化是引领企业在任何方面发展的关键。"[一]这一观点同样适用于企业数字化转型。企业文化是数字化转型的重要保障，数字化文化是数字化转型的根基，它对于推动内部思维转变、促进数字化转型认识统一具有举足轻重的意义。数字化转型专家林赛·赫伯特认为："数字化转型的挑战不在于工具，而在于文化。"[二]DDI（美国智睿咨询有限公司）的调研显示，很多企业在复盘数字化转型时坦言，若有机会重新开展数字化转型，他们会优先选择文化层面的变革，先行构建数字化文化基础，培育适宜数字化发展的土壤，再推动业务的全面数字化转型[三]。

广联达创始人刁志中强调了数字化文化对数字化转型的重要性。他指出：组织升级变革的能力之一是变革的氛围和文化，广联达新的文化 3.0 就是为了数字化转型。他将企业文化变革视为数字化转型成功的先决条件，认为只有深度调整文化层面，才能为企业的数字化转型提供坚实的保障。

如果缺乏数字化文化或忽视数字化文化的关键作用，企业数字化转型很可能遇到较大的阻力。根据红杉资本调查报告，在探讨企业数字化实践未能取得预期效果的原因时，高达 44% 的受访企业认为"未普及数字化文化"是重要原因。[四]《2022 年首席数据官调查报告》指出，文化挑

　　[一]　Daniel Denison, et al., *Leading Culture Change in Global Organizations : Aligning Culture and Strategy 1st ed.*, Jossey-Bass, 2012.

　　[二]　Lindsay Herbert, *Digital Transformation: Build Your Organization's Future for the Innovation Age*. Bloomsbury Publishing, 2017.

　　[三]　DDI, *Global Leadership Forecast 2023*, 2023.

　　[四]　红杉中国：《2021 年企业数字化年度指南》，2021 年。

战已成为企业成为数据驱动型组织的最大障碍，且连续 4 年有超过 90%
的受访者强调了这一点[一]。

从转型成效来看，那些高度重视数字化文化建设的企业往往可以更
顺利地转型，且业绩表现更为突出。波士顿咨询公司调查发现，在数字
化转型过程中，那些重视文化转型的企业，其数字化转型成功率可达
90%，而忽视文化转型的企业，其转型成功率只有 17%，并且 79% 专注
于打造数字化文化的企业保持了强劲或突破性的业绩表现，而没有一家
忽视数字化文化建设的企业能够取得这样的业绩表现[二]。

因此，企业在推进数字化转型时，必须高度重视文化变革，确保数
字化文化在全体员工中普及，从而为数字化转型的顺利推进奠定基础。

2. 数字化文化的内涵是什么

数字化文化并非对企业原有文化的全盘否定，而是在规章制度、管
理风格、业务决策、思维模式以及行为习惯等方面的革新与改进。为构
建数字化文化，企业需要将数字化思维融入企业原有文化，使企业文化
更好地适应数字时代的要求。

数字化文化因企业而异，没有固定的范式。例如美的将互联网思维、
数据文化、鼓励创新、容忍试错、学习型文化、用户思维作为数字化文
化的重要元素；贝壳将合作文化、学习型文化、客户思维、数据文化等
作为数字化文化的主要表现；物美则认为数字化文化主要是顾客至上、
团队合作、变革创新、诚信廉洁、激情奋斗、敬业专业……

综合数字化转型标杆企业的文化变革实践，我们认为数字化文化主

〇　Deloitte, *2022 Chief Data Officer Survey*, 2022.

〇　Boston Consulting Group, *It's not a Digital Transformation without a Digital Culture*, 2018, pp.1-11.

要涵盖五个方面，**即数据文化、客户至上文化、学习型文化、创新容错文化、协同开放文化，它们共同构成了数字化文化的核心内容，共同推动企业数字化转型**。

（1）数据文化。

鉴于数据在企业数字化转型中的关键地位，数据文化已成为数字化文化的核心元素。数据文化旨在培养企业管理人员和一线员工的数据思维，强化数据在企业中的流动与应用，充分发挥数据要素的价值。

数据文化包含数据决策思维、数据共享思维和数据价值思维三个层面。数据决策思维强调从数据角度出发思考企业业务，以数据为依据制定业务决策；数据共享思维要求企业纵向打通业务价值链环节之间的数据流动，横向实现各业务环节间的数据协同，从而实现整个企业的数据互联互通；数据价值思维强调企业对数据的处理和运用必须以价值为导向，以价值为核心进行数据筛选、整合和分析，确保数据分析结果能够真正助力企业业务发展，避免陷入无效数据分析的泥潭。

美的集团在数字化转型过程中聚焦于数据文化的建设，不仅强调一把手和高管团队要成为数据的第一用户，必须亲自下场，要使用数据支持决策，还通过搭建大数据服务号，让员工可以在手机应用端快速获取有效数据，指导日常管理和业务运营，推动数据决策思维的深入发展。同时，自2012年起，美的集团便开始搭建大数据平台，将各项业务的数据连接起来，推动整个公司数据的互联互通，实现数据分享。美的集团还倡导从价值链整体角度出发来分析和运用数据，以最大化数据的价值。

贝壳的数据文化强调利用数据进行决策判断，深入分析数据产生的原因，更加关注数据本身而非人为因素。同时，贝壳鼓励员工通过合作、共享的方式实现数据的共享互通，贝壳坚持从客户的角度思考问题，让数据不再冰冷，更好地综合运用数据的价值。

（2）客户至上文化。

数字化转型的核心在于实现客户价值。为此，企业必须构建客户至上的企业文化，并在该文化的熏陶下利用数字化手段，不断提升客户满意度和忠诚度。

物美在数字化转型过程中始终坚守以顾客为核心的原则，致力于通过数字化转型实现客户价值。招商银行在数字化转型过程中坚持"以客户为中心、为客户创造价值"的核心价值观，提出"招商银行客户服务价值主张"，梳理核心价值观的主要表现，客户至上的文化深度融入重点业务部署、干部选拔、员工赋能、绩效考核、客户体验等各个方面。

客户至上文化鼓励员工放眼外部，接触、关注客户，站在客户的角度思考问题。在数字化转型过程中，这种文化有利于促进企业与客户之间建立更深层次的关系，为企业带来长期的品牌忠诚度。

（3）学习型文化。

数字化转型对于大多数企业而言是一个相对陌生的未知领域，涉及复杂的数字技术引进和业务流程重构，企业需要通过广泛而深入的学习来弥补知识缺口，确保数字化转型的顺利进行。并且，数字化转型是一个持续演进的过程，随着数字技术的不断更新迭代，企业需要不断学习、不断迭代，因此，企业在数字化转型过程中应当建立学习型文化。

广联达创始人刁志中深知建立学习型文化的重要性，不仅积极发动全员共学，通过集体学习的方式，将数字化思维融入个人和团队的日常工作中，还会定期派高管外出研学，学习特斯拉、Salesforce、华为、贝壳等国内外企业的数字化经验。在学习型文化的引领下，全体员工的数字化转型意识得到增强，数字化文化氛围异常浓厚，数字化转型得到有效推动。

三一重工创始人梁稳根也非常重视营造学习型文化，他不仅自己坚持数字化转型的理论学习，还要求高管团队学习数字化转型相关知识，并在学习完成后写下学习心得，与大家分享。为了防止高管团队让秘书写学习心得，梁稳根还要求高管必须脱稿发言并对高管表现进行排名。此外，梁稳根还在普通员工中大力推行数字化学习，推行全员数字化"铸将计划"，要求关键管理岗位人员脱产一个月，专门学习数据编程、机器人编程或一种开发语言。同时，三一重工还设置数字化考试、编程考试等，员工可以自愿参加考试，通过考试的员工不仅有机会升职加薪，还能获得 1000～10 000 元的奖励。这些举措均有效营造了学习型文化，推动数字化转型进一步落地。

（4）创新容错文化。

企业数字化转型成功与否，很大程度上取决于企业是否具备创新容错文化。数字化转型是一项具有高度不确定性的变革，企业管理者需要改变传统的思维模式，建立创新激励和容错机制，不仅要鼓励大胆创新，还要对失败有包容度，容许创新过程中的"探索性失误"。

良品铺子创始人杨红春强调，对于数字化这种战略性的突破，应以绝对鼓励为主，不仅要表彰优秀的数字化创新项目，还要设有容错机制，项目失败是发展过程中应接受的代价，不应追究损失。九牧洁具创始人林孝发鼓励创新文化，并在这一文化指引下进行数字化转型。

招商银行在数字化转型过程中同样注重鼓励创新、包容试错。2017年招商银行设立了金融科技创新项目基金，以支持业务部门的数字化创新，并允许适当的冗余投入和项目失败，以避免过分追求万无一失而浪费时间成本和增加机会成本。

在创新容错的文化下，员工的创造力被激发，企业也不会因为过于担忧创新失败的损失，而错过数字化转型机会。

（5）协同开放文化。

随着企业数字化转型的推进，各管理层级、各职能部门、各业务线间的界限逐渐模糊，企业内外资源共享和业务协同成为常态，这就需要企业建立协同开放的文化。这意味着企业对内要通过设立横向联系机制、改善组织结构、加强团队融合等正式方式，促进数据、人才、技术等资源的流动与合作；企业对外要与行业内外的企业建立紧密合作关系，实现数字化协同创新，融入产业链和生态系统。

贝壳在数字化转型中摒弃传统房产经纪行业中各门店、各经纪人单打独斗的商业模式，转而积极践行协同开放的文化，倡导基于合作共赢的新型商业模式。在此过程中，贝壳通过构建线上开放平台，实现了房源信息的透明共享，打破了信息孤岛，使得跨店铺、跨区域的合作成为可能；并促进了经纪人之间的合作，使得每个参与者都能在交易中发挥自己的专长，共同为客户提供更优质的服务。这种以协同开放为核心的文化，不仅为客户带来了前所未有的便利和信任，提升了贝壳在整个房产经纪市场的核心竞争力，还提高了整个房产交易行业的运作效率，从而推动了整个行业的健康发展。

在数字化转型过程中，广联达非常注重营造协同开放的文化氛围，不仅强化内部团队之间的信息共享与协作，确保不同部门和层级之间的高效协作；还积极拓展外部合作，与客户、供应商、监管部门等合作伙伴建立开放的合作关系，推动产业链上下游的数据和资源整合，搭建协同开放的商业生态系统。

3. 如何打造数字化文化

数字化文化不能仅停留在宣传的口号中，而是要被深化为一种核心理念，并通过多种方式融入日常运营与员工行为中，企业可以通过**数字**

化文化宣贯、倡导数字化学习、加强数字化文化考核、注重数字化文化表彰和激励等方式实现数字化文化落地。

（1）数字化文化宣贯。

贝壳CEO彭永东认为："在做（数字化转型）的过程中一定要营造一个更大的氛围，聚集一批同行者，让大家深入地知道如何产生转变，而不只是服从上级命令。让能参与的人尽量参与到讨论的过程中，潜移默化地改变员工的认知，让员工洞察到公司的方向。"在这样的思想下，贝壳不断对员工进行数字化转型宣贯，让员工在耳濡目染中践行数字化文化，实现文化落地。

良品铺子通过战略研讨会以及专家讲课等方式营造数字化氛围，改变员工认知，让员工充分理解数字化转型的价值。创始人杨红春表示，"数字化转型已经成为日常，用数据工作已经成为基本的工作认知了"。为营造数字化文化，物美则设立了早餐会机制，由核心部门的负责人及关键成员共同参与，确保数字化理念能够全面覆盖并影响核心层，数字化文化能够在核心团队成员中深入传播并得到落实。

（2）倡导数字化学习。

对于如何将数字化文化落地，三一重工集团流程信息化总部总监吕青海谈道："三一做的第一件事就是'一把手'带头学。梁稳根董事长不光自己读书，还带动高管团队一起学习。他亲自筛选价值高、有内涵的文化与书籍，进行知识分享，对高管团队进行充分的数字化'洗脑式学习'。通过自上而下强有力的推动，公司各个体系也都积极开展自主学习，整个公司成为学习型组织。"

广联达精心策划了"数字化共学共创"系列活动，在公司范围内积极推动数字化转型的文化变革与创新实践，通过全员共同学习，使数字化理念深入人心，并将数字化理念融入个人和团队的日常工作中。同时，公司还鼓励全员参与创客项目，将工作中的改进提案系统地升级为具有实际价值的数字化改进项目，让员工将所学的数字化理念融入工作场景，深度参与数字化共创，进一步推动公司整体的数字化转型进程。

（3）加强数字化文化考核。

华为以前的KPI体系主要关注个人的产出和贡献，在数字化转型后，华为不仅考虑个人的有效产出，还着重衡量员工为客户创造的价值、对他人产出的贡献以及利用他人产出做出的贡献等。在这种机制下，开放协同文化的作用得到了凸显。

广联达创始人刁志中强调"要把数字化文化细化到制度，包括绩效管理上"。广联达在数字化转型过程中提倡客户至上文化，并在此基础上进一步提出客户成功指标体系，将客户至上文化融入员工行为，并将其分解到研营销服等各部门的绩效考核指标中，通过切实有效的考核制度，推动数字化文化的落实。

为推动协同开放文化落地，贝壳推出了相应的考核机制。比如，贝壳将录入人、实勘人、钥匙人、成交人等工作角色围绕房源紧密串联，以最终的成交业绩进行各串联角色的绩效考核和收益分配。

（4）注重数字化文化表彰和激励。

物美会定期举办表彰大会，对在数字化转型领域表现突出的团队和个人进行表彰，并将其树立为标杆，为全体员工提供可借鉴的范例，以此激发员工参与数字化转型的积极性。此外，物美还设立月刊，将数字化变革的优秀案例进行推广，向员工传递正向、积极的反馈，使员工深刻体会到数字化转型为企业带来的实质性改变。

华为也不断搜集和整理数字化转型为业务带来的显著成果，并将这些成果精心撰写成案例，在公司内部广泛传播，以实际成果为业务部门提供直观的参考和借鉴。通过深入剖析这些案例，业务部门能够更好地理解并接受数字化转型的必然趋势，建立正确的数字化观念。

基于以上四个方面的工作，企业可以逐步构建起深入人心的数字化文化氛围，推动数字化转型的顺利进行。

三、如何调整组织，实现业技融合

哈佛商学院教授艾尔弗雷德·钱德勒曾提出结构跟随战略理论，即当企业做出新的战略决策时，组织结构也必须相应地做出调整[一]。IDC 中国区副总裁兼首席分析师武连峰指出，陈旧的组织结构已成为中国企业数字化转型面临的五大主要挑战之一[二]。清华大学全球产业研究院的调查显示超过八成的受访企业已对原有的组织结构进行了调整，以适应数字化转型的需求[三]。可见，组织结构调整是实现数字化转型战略的关键，而实现数字技术与业务深度融合（业技融合）则是组织架构调整的重要且主要目的和原则。

1. 如何理解业技融合

信息时代，企业的业务与信息技术相对独立，随着 OA（办公自动化）系统、ERP（企业资源规划）系统以及各类 MIS（管理信息系统）系统的广泛应用，信息技术开始与业务结合、支持业务的发展，提升企业内部各个环节的运营和管理效率。互联网时代，业务与互联网技术紧密结合，界限开始变得模糊，自 20 世纪末开始，以电子商务、互联网金融和生活

[一] Alfred D. Chandler, *Strategy and Structure: Chapters in the History of the Industrial Enterprise*, 1962.

[二] 武连峰：《中国企业数字化转型路线图（2023）》，2023 年。

[三] 清华大学全球产业研究院、清华大学全球贸易与产业竞争力研究中心：《中国企业数字化转型研究报告（2023）》，2024 年。

服务等为代表的新型商业模式应运而生，使互联网技术成为社会经济、企业经营中不可或缺的重要组成部分。数字时代，业务与数字技术深度融合，技术已不再是业务的附属品，而是赋能业务，成为推动业务发展的核心动力。大数据、云计算、人工智能、区块链、物联网等数字技术正在加速融入并深刻改变着各行各业，数字技术重塑业务流程，提升产品和服务交付的效率、质量，大大降低了经营成本，业务与数字技术迈向了深度融合的新阶段。

在数字化转型过程中，很多企业容易陷入技术陷阱，过度强调数字技术的作用，认为只要大量引进和应用数字技术，就能够实现数字化转型。但实际上，数字技术只是数字化转型的工具和手段，而不是目的。数字化转型的本质是业务的转型升级，企业必须从业务的视角出发，深入思考转型的路径，找到数字技术对业务发展的有效支撑点。如果盲目堆砌大量数字技术而不顾业务的实际需求，很可能导致业务和技术"两张皮"，最终无法带来经营业绩的实质性提升。

企业的业务和技术"两张皮"的现象往往源于业务部门和技术部门之间缺乏有效的协同合作。《哈佛商业评论》曾有文章总结了企业数字化转型的十大障碍，其中之一就是"IT与业务线之间的合作不足"。业务部门与技术部门的目标不同，沟通方式也存在差异，这导致双方在需求理解和实现过程中常常出现偏差和反复。从目标来看，业务部门主要聚焦于产品功能和用户体验，对于技术的实现方式和难度缺乏深入了解；而技术部门则更多地考虑技术架构和代码实现，缺乏对业务逻辑的理解和对用户体验的深刻认识。从沟通方式来看，业务人员与技术人员的语言习惯和逻辑思维方式存在较大差异，双方进行沟通时，往往各说各话，业务人员不理解IT语言、IT思维，技术人员机械"翻译"业务需求，导致从业务需求提出到技术最终实现的整个过程存在诸多偏差，甚至导致多次返工。目标与沟通方式的差异使得两部门之间互相抱怨，业务人员抱怨技术人员无法迅速响应市场需求，而技术人员则抱怨业务人员需求的模糊性和易变性。

2. 如何实现业技融合

为有效解决业技融合这一问题，企业需要调整组织结构，设立强有力的数字化转型领导机构、成立专门的数字化部门、组建业技融合团队，并从思维认知、战略规划、绩效考核等方面着手，推动数字技术为各项业务活动提供强有力的支撑，业务应主动寻求数字技术的赋能，实现各项业务与数字技术的深度融合。

（1）成立数字化转型领导机构。

为确保企业数字化转型战略与整体业务战略紧密契合，保障业务部门与技术部门在战略层面实现目标的统一，企业需成立数字化转型领导机构，负责顶层设计和整体规划，明确转型的目标、路径及关键举措，以确保数字化转型的科学性和有效性，避免出现业务与技术"两张皮"的现象。

该机构通常由高层领导亲自挂帅，成员包括 CIO、CTO、CDO 和各业务线核心管理者，当然，这个领导机构的名称并不是固定、统一的，有些企业称之为数字化转型委员会，也有些企业称之为数字化转型领导小组等。

阳光保险授权科技管理委员会，负责整体统筹与全面推进数字化转型工作，统一管理各部门的数字化转型预算编制、规划设计、转型变革路线选择、部门协同合作等事项的重大决策，以确保高效、有序地推进数字化转型。

三一重工特别设立了数字化转型委员会，负责规划布局、技术应用、产品开发以及标准制定等多个方面的工作。随着数字化转型的深入推进，该委员会逐步将权力下放，把更多的执行工作交由相关部门负责，自身则专注于规划制订、资源评审以及统筹协调等核心任务，尤其注重自上而下地推动数字技术更好地应用于产品研发、生产制造、市场营销等领域，促进业务部门和技术部门的深度融合。

（2）建立数字化部门。

为统筹推进企业数字化转型战略的实施与落地，企业应建立专门的数字化部门，负责制定数字化转型的具体方案，监督各业务部门和技术部门的进度，以确保数字化转型有序进行。

数字化部门与信息化阶段的 IT 部门有着根本的区别，建立数字化部门并不是信息化阶段的 IT 部门改造。从工作目标来看，IT 部门主要扮演支撑业务的角色，通过建设和维护 IT 设施，确保业务的稳定运行，而数字化部门致力于协调各业务部门，与其共同推动数字化转型战略的落地；从工作重点来看，IT 部门侧重于对 IT 系统进行管理和维护，保障业务顺利开展，而数字化部门侧重于运用数字技术对业务流程进行重塑；从人才需求来看，IT 部门只需要 IT 技术人才，而数字化部门需要既懂数字技术又懂业务的复合型人才。

数字化部门不仅承担着企业的数字化基础工作，还承担一些具体职能，包括赋能各部门数字化转型、统筹数字技术引入、协调数字化需求以及管理数据要素。

需要强调的是，要实现以上职能，数字化部门必须拥有较高的地位，甚至要保持比业务部门高的地位。比如，广联达的数字化部门是集团的一级部门，具有综合职能，既负责集团传统的 IT 业务，又推动集团进行数字化转型，并不是一个隶属于业务的团队。

那么，如何建立数字化部门？ 有些企业对原有信息化部门或业务部门进行职能拓展与升级，使其转变为数字化部门，还有些企业设立全新的数字化部门或公司，专门负责企业的数字化转型工作。

1）将原有部门改造升级为数字化部门。

相关调查显示，63% 的数字化转型企业选择**将原有的信息化部门升级成为数字化部门**[⊖]。比如，三一重工、华为就是将原有的信息化部门升级为数字化部门。原有的信息化部门对业务比较了解，可以充分利用已有的业务知识和技术经验，更快地制定数字化转型落地方案，缩短转型周期。同时，这种方式降低了招聘和培训新团队的成本，可以减少成本支出。

还有一些企业选择将业务部门升级为数字化部门。业务部门对业务流程的痛点有着深刻的认识，将其升级为数字化部门有助于更好地找准业务数字化需求的痛点，更好地把握数字化转型的方向和效果。天虹股份将电商事业部更名转变为数字化经营中心，承担起整个企业的数字化转型的规划、协调、实施等工作。

然而，在将原有部门转变为数字化部门的过程中要注意，原有员工与数字化转型的适配性可能存在不足，还可能会造成数字化部门与其他部门的职能、利益、目标冲突。

2）新成立数字化部门。

有一些数字化转型标杆企业选择重新成立专门的数字化部门，以全面推动数字化转型。

九牧洁具成立了"数字化管理中心"，对数字化项目进行统一的管理与规划，以确保数字化转型的顺利推进。金风科技则成立了"集团数字化中心"，负责推进整个集团的数字化转型工作。

有些企业成立数字化公司并将其作为推动数字化转型战略的核心力

⊖　Vanson Bourne, *The Truth About Digital Transformation*, 2020.

量。中国平安新建了平安科技子公司来推进整个集团的数字化转型工作。平安科技站在集团的角度统筹全局，为各业务单位的数字化转型提供规划、开发与运营支持。

一般来说，新成立数字化部门或公司的优势在于没有历史包袱，能够独立且专业地从整个企业层面出发，全面规划和部署数字化转型路径，统筹协调各方资源，确保数字化转型战略顺利落地。然而，新成立数字化部门会造成企业承担额外的启动成本，包括团队组建、部门资源调配等方面的投入。另外，新成立的数字化部门在与原有部门沟通、协作方面可能存在挑战。

（3）组建业技融合团队。

为了使数字化转型落到实处，数字化部门要下沉到业务部门，业务部门要主动配合数字化部门，共同组建业务和数字技术深度融合（**业技融合**）团队，以利于开发出符合业务需求的数字化解决方案。

在业技融合团队打造方面，很多企业引入了ITBP（IT业务合作伙伴）模式，一方面将技术人员派驻到业务部门，与业务人员密切合作，快速响应业务需求；另一方面，数字化技术部门保持较强的专业技术力量，负责数字技术开发、数字化基础设施的建设与运维等工作。

九牧洁具在组建业技融合团队时，根据业务部门的规模大小及其对数字化转型的重视程度，采用了差异化的策略。对于数字化转型需求强烈且规模较大的业务部门，技术部门会派遣ITBP前置到业务部门，与业务部门共同推进数字化转型进程；而对于数字化转型需求相对较低或规模较小的业务部门，九牧洁具则采取需求驱动的方式，主要由技术部门配合业务部门实现需求，无须团队前置。

业技融合的落地往往都是以项目制来实现的，**产品经理担任项目负责人是成功的关键因素**。产品经理需具备深厚的业务与技术洞察力，并能够推动业务人员与技术人员的紧密协作，可以来自业务部门也可以来自技术部门。产品经理作为项目负责人要对项目的全过程和最终结果负责，要确立数字化转型愿景、目标和规划，确保项目方向正确；还要有效协调团队中的不同人员角色，促进团队成员的交流与协作，确保项目能够按照既定计划顺利进行、高质量完成。良品铺子 CIO 罗轶群认为产品经理是业技融合的关键岗位。华为、美的集团等企业都高度重视产品经理在数字化项目中的作用，美的集团在数字技术规划、实施和运维这三大过程中，统一采取"产品经理式"管理，确保由产品经理带领团队，持续对数字技术进行深入研究、开发和优化，充分提升业技融合的能力。华为明确产品经理是项目团队的核心，是首要负责人。

具体在搭建业技融合团队时，要注意统一认识、共同制订业技融合规划，要建立有效的业技人员沟通理解机制，要设置共同考核指标、进行捆绑或交叉考核。

在数字化转型战略地图中，资本层即图中最下层部分，对以降本增效为目标的数字化转型和以提值增收为目标的数字化转型都能够提供支撑。

讨论："数字化文化"——企业数字化转型的土壤

企业的每一次重大变革、转型升级都会面临着文化的调整，数字化转型也不例外。数字化转型中，技术并不是最具挑战性的因素，更具挑战性的是文化的变革。很多企业数字化转型失败的原因归根结底是包括认知和思维方式在内的企业文化没有转变。

数字化文化是数字化转型的"土壤"。没有数字化文化，就不能算是真正的数字化转型。数字化转型不只是组织的技术转型，更是企业文化重塑的过程。数字化转型中，人的因素最为关键，最终体现在思维和文化的变革。如果传统企业的文化不做改变，数字化转型就会被原有惯性拉回既定的轨道。只有对企业底层的企业文化进行变革，营造良好的数字化转型氛围，才能使组织从根本上实现数字化转型。

数字化文化可以为企业数字化转型提供思考方式、行为准则，引导全体员工采取恰当的行动。通过培育数字化文化，可以加强员工对数字化的理解，引导员工转变传统思维模式，让数字化转型深入人心。

路易威登集团前CDO（首席数字官）认为，"决定企业数字化转型成败的关键是企业组织在转型的过程中，是否已经接受了这不是技术问题而是企业文化变革的事实。企业文化变革是数字化转型的前提"。微软大中华区副总裁康荣也认为，"数字化转型最重要的是文化转型，只有自上而下形成共识，才能转型成功"。

缺乏数字化文化是数字化转型的主要障碍。数字化文化不足体现在员工对数字化认识不足、难以形成统一认知、各职能部门相对独立、害怕承担风险等。数字化文化是数字化转型重要的保障，只有建立起数字化文化，员工的思维才能得到解放，才能够克服心理上的惰性，从而推进变革顺利实施。如果忽视数字化文化建设，组织文化过于顽固、保守，员工不愿意进行重大变革，新的工作方式、工作流程就难以被采用，数字化转型便会遇到阻碍，面临转型失败的风险。

在清华全球产业研究院2021年的调查中，35%的受调研企业认为"缺少数字化转型的文化氛围"是当前企业推动数字化转型的主要阻碍。麦肯锡在2017年的调查报告《数字时代的文化》中提出，文化障碍是企业数字化转型面临的最大挑战。红杉资本2021年调查发现，在企业数字化实践面临的众多挑战中，有高达44%的受访企业认为"未普及数字化文化"是第一大挑战。

重视数字化文化的公司表现出更突出的业绩。BCG 根据对 40 多个数字化转型企业的评估，发现专注于数字化文化的公司取得突破或财务表现强劲的比例是忽视数字化文化公司的 5 倍；近 80% 专注于数字化化的公司都保持了强劲或突破性的业绩。但是，没有一家忽视数字化文化的公司取得了这样的成绩。

企业数字化的落地生根，离不开滋养它的"土壤"——数字化文化。数字化文化是以数据思维为核心，以用户共创、协同共赢、持续学习、创新容错、敏捷迭代为支撑的新型文化体系。通过塑造数字化文化，可以改变员工的认知、思维模式和行为习惯，更容易推动数字化战略的实施。但数字化文化不足是当前企业数字化转型面临的一大挑战，严重阻碍了数字化转型的进程，企业亟须进行数字化文化建设。

前沿探讨：生成式人工智能的发展与数字化转型

生成式人工智能（AIGC）的自然语言处理能力、创新性生成能力、强大涌现能力等，创造了更加普惠化的应用场景，不仅成为 AI 技术的一次重大转折，也将持续影响着企业经营管理，为企业数字化转型带来新的助力。

AIGC 技术的强烈冲击，让许多企业越发深刻认识到 AIGC 技术在数字化转型以及未来企业发展中的重要作用，开始在战略层面突出 AIGC 对企业数字化转型的重要意义。

阳光保险一直以科技战略引领企业数字化转型，在 ChatGPT 横空出世后，董事长张维功在年报致辞中表示，公司正全面升级以数据智能为核心的"科技阳光 3.0"新战略，以数字化、智能化积极推动公司高质量发展转型，并将更加笃定地加大对保险大模型的投入。随后阳光保险副总经理谷伟公开表示，大模型技术将从根本上改变和赋能保险行业，阳光保险也将把握战略机遇，建立"1+3+N"的大模型应用模式。其中，"1"是赋能全员办公，"3"是打造销售机器人、服务机器人、管理机器人，"N"是在各条线、各业务环节应用大模型技术，最终实现全面赋能保险业务，加速数字化转型战略目标的实现。

AIGC 技术的崛起，为企业提供了精准洞察市场需求、深刻理解客户偏好并快速生成高质量个性化的内容与服务的能力，提升了企业服务客户的效率，创造了客户服务的新方式，企业开始通过 AIGC 这一智能化的方式为消费者更好地创造价值。

阳光保险借助大模型的力量，对原有的客服体系进行了重构升级，让客户可以体验到高度拟人化的人机对话互动。在与客户互动的过程中，智能客服可以精准捕捉客户的语言与情感，并根据不同的情况对客户给予回应甚至安抚，极大地提升了客户的信任感和满意度。目前，阳光保险已在报案、咨询、批改、保全、客户回访等各客服领域实现智能处理，覆盖了100% 的咨询与办理场景。这不仅减轻了人工客服的负担，还大大提高了服务效率和质量，使客户能够获得更加便捷、高效的服务体验。

贝壳则在 AIGC 技术的加持下，推出首款 AIGC 家装设计产品"设牛"，通过快速生成装修设计图，帮助用户将家的构想可视化，为客户提供全新的服务体验。具体来说，客户可以使用"拍照生图"功能快速将房间照片生成为效果图，或者借助"选户型生图"的功能实现用户型图生成全屋效果图。此外，使用"风格模板"功能，用户可查看多种家装风格设计模板并应用在效果图生成上；用户如果对模板风格之外的效果图感兴趣，也可以通过"传参考图生图"功能，将指定的风格效果搬到自己家。截至2024 年 4 月末，"设牛"已经为约 6.3 万名用户生成超过 234 万张效果图。

从业务流程层面上看，AIGC 为企业流程数字化提供了新的工具和方法，能够加深业务流程的自动化和数字化，帮助企业更好地提升效率、降低成本，也能更好地促进产品和服务的创新，帮助企业优化客户体验，实现提值增收。借助 AIGC 的生成和推理能力，企业可以进一步优化运营管理流程，以实现数字化转型战略目标。目前，生产管理流程也是数字化转型标杆企业引入 AIGC 技术的主要切入点。

美的集团在生产管理流程中引入大模型技术，通过让大模型学习产品知识、标准流程等，实现对生产线工人的事实监控以及对产品质量的检测。以厨热洗碗机工厂为例，美的集团在质检工序中引入中国联通大模型轻量化技术，用大量洗碗机质量检测的知识训练模型，形成标准化检测流程指引；同时，融合生产线定位、产品定位、细微动作识别等多种算法技术，实时监控人员操作流程。如果检验员没有按照设定的标准操作，生产线就会自动停下来，二次校准后再启动。在 AIGC 技术的赋能下，该工厂一次装机不良率下降至 1.1%，品质提升 50%。

类似地，AIGC 技术还可以应用于生产管理流程的其他环节。如在生产计划上，生成式人工智能通过分析历史订单、库存等数据，为企业制订生产计划，并实时监控、分析生产数据，进一步优化生产计划以及资源配置。在生产安全上，生成式人工智能可以检测生产环节的安全指标，对潜在问题发出预警，甚至自动解决问题，降低生产过程中的事故风险。

在 AIGC 技术的加持下，企业也可以重塑优化研发流程，实现产品的创新，加速数字化转型战略目标的实现。

中国平安依托大模型技术打造新型生产力，加速数字化进程。首先，中国平安利用模型洞察现有产品与 AIGC 技术的契合点，并最终实现现有的产品应用的革新。其次，中国平安致力于塑造以大模型为核心的产品形态，在创新研发流程中引入 AI First 的新决策原则，即 "离开了大模型技术，这个产品将不复存在"，并以此标准判断新产品构想的可行性。基于此，中国平安提出 AI Agent 产品的构想，它由大语言模型（或多模态大语言模型）、感知、决策和行动能力构成，具备高度拟人化的交互体验和执行能力，用户仅需提出指令需求、监督过程和评估结果，由 AI Agent 完成对事项的拆解和编排，调用所需软硬件的接口，执行指令并最终完成任务。

营销是生成式人工智能应用的最重要场景之一。企业可以利用 AIGC 技术生成营销内容、营销策略，推动营销创新（虚拟主播、虚拟场景等），优化客户获得流程，加速企业的数字化转型。

在营销内容生成方面，AIGC 技术不仅可以为企业提供内容灵感，提高创作效率，还可以简化营销创意落地流程。例如，企业可以利用 Marketing Copilot 等生成式人工智能应用，上传产品图片至平台，并输入具体指令，从而迅速获得与产品匹配的海报等宣传素材，大幅简化营销创意落地流程，显著缩减广告制作周期。

营销策略方面，不少企业表示可以利用 AIGC 技术分析和学习大量用户偏好及营销效果数据，协助营销人员制定更为精准的营销策略、投放策略等，从而提升触达消费者的广度和精准度，力争打造千人千面的精准投放，提升企业客户获得能力，帮助企业解决广告投放质量低下、目标用户锁定困难等问题。

除此之外，虚拟主播将成为企业直播营销的新帮手。通过对大量专有数据的训练，生成式人工智能可以实现虚拟主播的定制化、规模化量产。虚拟主播可以 7×24 小时无间断工作，降低企业用人成本。并且，虚拟主播的人设也皆由企业自己设定，有助于避免主播形象问题给企业带来的潜在风险。

不仅如此，AIGC 技术也极大地丰富了数字化转型的技术栈，其强大的推理生成能力，可以应用于各业务场景，支撑企业数字化转型落地；同时企业还可以通过集成 AIGC 技术，促进业务系统的智能化升级，推动数字化转型的深入发展；除此之外，AIGC 技术为数据挖掘、分析提供了新的手段，企业可以更充分地释放数据价值，实现数据驱动的数字化转型。

随着技术应用的不断深化，AIGC 可以为企业各项业务赋能。阳光保险遵循从普及应用到垂直深入的策略，引入 AIGC 技术，赋能各业务场景，极大地提高了企业整体的数字化水平。具体来说，阳光保险围绕线上交互场景，利用 AIGC 技术赋能客服机器人、寿险销售机器人、车险全线上销售机器人并取得阶段性成效。目前，这些保险对话机器人已经表现出自由对话、理解潜台词、随机应变等明显的智能化水平。例如，寿险销售机器人已完成销售逻辑搭建，实现了讲理念、保障规划、讲产品服务等功能，初步具备根据客户的投保年龄、保险期限等产品基本要素做出回答的能力，并达到 82% 的准确率。

在系统搭建上，美的集团为了更好地利用 AIGC 技术，搭建了集市场化大模型、垂类模型以及自研模型于一体的 AIGC 中台，集成了市场化大模型的泛化能力以及自研模型的行业能力和业务核心逻辑，三者共同构建起一个既广泛适用又精准高效的内容生成与处理体系，赋能企业的各类业务场景。以智能问答为例，各业务场景的员工都可以向 AIGC 工具提问，包括产品知识、技术难题、流程规范等，以获得符合业务流程和场景标准的解决方案，进一步提升企业的数字化、智能化水平，加速企业数字化转型。

知识库管理也是 AIGC 技术大显身手的重要应用场景。利用 AIGC 技术，可以从学习流程手册、培训资料、技术文档等企业内部资料数据中提取关键信息并进行结构化整理，从而构建更易于访问和检索的企业知识库，如客户知识库、产品知识库、人才知识库等。以客户知识库为例，AIGC 技术可协助企业将大量客户信息、已有客户案例、客户解决方案等客户数据解构重塑，当企业员工需要调取某些信息时，基于 AIGC 技术的客户知识库能够快速响应员工需求，并自动生成相应的文本内容。目前，美的集团、阳光保险、平安集团等数字化转型标杆企业都通过此种方式释放数据价值，提升企业的数字化水平。

企业在引入 AIGC 技术的同时，也需要加大对 AIGC 人才的投入，通

过引入或培养的方式获得相关人才，推动技术与场景的契合，加速数字化转型落地。广联达推出基于 AIGC 技术自研的建筑行业 AI 大模型以及整套行业 AI 平台方案，为客户提供全新的数字化产品，在 AIGC 技术的加持下让 BIM 应用更加丰富。对此广联达总裁袁正刚公开强调，人才投入是 AI 大模型的主要成本之一，并且未来广联达将不断在大模型方面增加投入。除了招聘具备一定经验的 AIGC 开发人才，广联达还致力于与高校合作，共同培育具有竞争力的行业人才，并培养其应用 AICG 技术的能力，以加速企业数字化转型。

除了引入相关的技术人才，不少企业还利用 AIGC 技术培育数字化人才，助力企业数字化转型。中国平安推出知鸟 AIGC，为员工规划更合适和高效的学习路径，从而帮助他们更快地成长为行业专家。例如，知鸟 AIGC 提供智能陪练功能，模拟真实的客户服务场景，引导员工熟悉数字化流程及系统操作，加快其成长为数字化应用人才的速度。

此外，AIGC 技术的应用需要大量的资源投入，这需要管理者具备前瞻性的战略眼光和果断决策的能力，并以开放的态度支持新技术的应用。美的集团 CDO 张小懿坦言，数字化转型必须要积极地探寻所有的新技术。当 ChatGPT 刚出现时，张小懿就前瞻性地洞察到了 AIGC 技术对企业经营管理的潜在影响，AIGC 技术不仅能够提升内容创作的效率与质量，更有可能颠覆传统的工作流程与决策模式，进一步深化企业数字化转型。基于此，张小懿率先学习并了解这项全新的技术，不断地向专家请教，加深自己对新技术的认知，并作为推动者积极打通技术与企业数字化转型之间的通路。

AIGC 技术的应用更需要企业具备开放、创新、鼓励员工尝试新鲜事物的文化氛围。事实上，数字化转型过程中，标杆企业大多已经构建了相对开放的数字化文化氛围，员工对新技术、新事物的接受程度普遍较高。

但由于员工很难具备从公司整体出发的顶层视野，员工对新技术的自主尝试往往浅尝辄止，也很难有效地将新技术与业务结合，这就需要企业加深对 AIGC 技术应用的宣贯。对此，在 AIGC 技术出现后，广联达多次向员工传达"所有产品都值得用 AI 重做一遍"的思想，向全体员工宣贯 AIGC 技术的优势，激发全体员工对新技术的兴趣与热情，并鼓励员工对 AIGC 技术展开深入思考，以实现技术对业务场景的深度赋能，推动企业数字化转型的深化。

对于全面地推广 AIGC 技术，企业还需要考虑建立相应的部门组织或赋予原有部门组织新的职能，以更好地利用 AIGC 技术推动企业数字化转型。为了推动 AIGC 技术快速落地，天虹股份子公司灵智数科专门成立 AIGC 项目组，致力于研究相关技术在零售场景的使用，以加速技术对业务的深化。在项目组的推动下，AIGC 技术已经在设计、营销、商品供应链、客户、指标平台等多个领域落地，以技术赋能业务的数字化，推动企业数字化转型。

相信随着生成式人工智能更加成熟，越来越多的企业将采用这一技术，助力数字化转型，并在此基础上进一步深化应用，迈向更加智能化经营管理的未来。

一、研究说明

在开展关于数字化转型的研究时，我们选择了"案例研究"这一更贴近实践的研究方法。案例研究之所以备受管理学界青睐，很大程度上是因为它能深度呈现企业的真实境况，并回答"如何做"和"为什么这样做"这一类富有实践价值的问题。在管理学的经典著作，如《基业长青》《从优秀到卓越》中，都能看到这一方法所发挥的关键作用。通过案例研究，我们希望能把企业最真实的数字化转型过程"搬"到读者面前。

我们对选取的案例企业提出了三个要求：第一，企业在行业中具有足够高的代表性，并且在数字化转型方面取得了令业界瞩目的成果；第二，企业经营历史相对成熟、资料获取渠道丰富，为访谈和数据搜集提供更多便利；第三，这些企业的数字化转型方法和成果对其他企业具有普遍的借鉴意义。根据这些标准，经过反复论证和筛选，我们最终从众多企业中选定了 14 家作为研究样本，包括华为、美的集团、三一重工、贝壳、物美等。这些企业在其所在行业中有极大的影响力，也为数字化转型领域提供了诸多生动实例（附表 1 中概括了这些企业的成效）。

明确案例企业后，我们对 14 家企业进行了全方位的信息收集（附表 2 中整理了相关来源）。在此基础上，我们对其中 8 家企业进行了实地走访和面对面访谈，时间从 2022 年 10 月持续到 2024 年 3 月，采访对象包括董事长、数字化业务负责人、财务和人力高管以及研发负责人等。为了最大限度确保信息的完整和真实，我们通常安排一位研究成员主访谈，其他研究成员负责记录和补充。对于有分歧或存在疑问的信息，我们会再次与企业进行确认。

进一步地，我们借助战略地图对收集到的信息进行分析、提炼、归纳、总结。为保证信息处理的准确性，整个过程中的每一步都由两位研究成员一起负责，其中一位成员进行监督和核对。如遇到需要进一步确认的内容，我们也会和企业方面持续沟通。最后，我们把各方面的发现整理成一幅数字化转型"全景图"，也就是我们所说的数字化转型战略地图，让读者可以更清晰地看到企业数字化转型的关键内容、逻辑关联以及可能带来的启示。我们希望，这一过程和发现不但能为学界提供更系统的分析思路，也能给正在进行或准备进行数字化转型的企业带来借鉴和灵感。

附表 1 案例企业数字化转型成效

公司名称	数字化转型成效
中国平安	中国平安以数字化转型引领业务高质量发展，以领先科技能力提升金融主业服务水平。截至 2024 年 3 月末，中国平安专利申请数累计达 51 700 项，位居国际金融机构前列。在技术支持下，平安实现了从产品研发、产品营销、风险管控，到客户管理的全价值链流程的数字化转型。2024 年第一季度，平安 AI 坐席服务覆盖 80% 的客服总量；通过智能风控，实现减损 30 亿元，数字化转型成效显著
美的集团	美的集团不仅借助数字技术提升了生产效率和产品质量，还通过搭建智能家居平台，实现了从硬件制造商向智能化解决方案提供商的转变。特别是在制造环节，美的集团拥有 5 家世界经济论坛与麦肯锡联合认证的"灯塔工厂"，覆盖空调、微波炉、冰箱、洗衣机和厨热品类生产线，是中国制造业中数字化程度最高的企业之一

（续）

公司名称	数字化转型成效
华为	借助数字化转型，华为不仅在员工规模稳定的情况下实现营业收入翻番，还利用自身数字化转型的经验向外赋能，打造企业成长的第二曲线。截至 2023 年，华为已经为超 8000 家制造企业和众多零售与地产企业提供数字化解决方案，为超 1000 家客户建设数字化园区，为 300 多家行业客户提供数据中心等场景的系列化产品组合方案，助力中小企业的数字化转型
招商银行	招商银行以云计算为接入点，成为国内首个全面上云的大型金融机构，开辟了金融行业全新的数字化转型路径，进入全面数字化阶段。同时，招商银行还持续推动数字产业化和产业数字化，一方面以"金融＋非金融"服务方案，助力企业数字化转型，重构竞争力；另一方面持续全面升级科技金融服务方案，创新符合数字经济产业的产品与经营模式，持续提升自身的数字化能力
三一重工	三一重工通过全面推进各价值创造流程的数字化，实现运营管理、客户管理、研发创新等各个环节的数字化转型。目前，三一重工已经投产 33 家"灯塔工厂"，并成为全球重型装备行业仅有的拥有两家被达沃斯世界经济论坛认可的"灯塔工厂"的企业。除此之外，借助数字化转型，三一重工推出智慧矿山、智慧码头等多种数字化解决方案，推进整个行业数字化水平的增长
天虹股份	天虹股份借助数字化转型完成了从传统实体零售企业到科技零售企业的转变。其中，数字零售业务通过数字化转型和业态升级，成为全渠道、多业态、线上线下一体化消费平台。同时，天虹股份将自身的数字化转型与实践开发成数字化、智能化的技术和产品，向零售及相关行业推广延展，培育形成数字产业
贝壳	贝壳不仅通过数字化转型实现了从链家的传统线下房产经济到贝壳的平台型房产经济的转变，还对整个房产中介行业进行了从标准化到线上化的彻底改造，颠覆整个行业原本的商业逻辑。借助数字化转型，贝壳在行业中保持逆势增长，营业收入从 2017 年的 255 亿元增长至 2023 年的 778 亿元，并于 2023 年成功实现扭亏为盈，全年净利润达到 58.9 亿元
物美	物美率先通过数字化转型驱动连锁经营，将数字技术深度应用于供应链、门店运营、顾客体验等各个环节。物美全力打造现代流通产业的新生态，不仅开启了多点 DMALL＋物美的数字零售新商业模式，还让多点 DMALL 发展成为亚洲最大的数字零售服务商，为 7 个国家和地区的超过 500 家实体零售企业提供数字化升级服务
金风科技	金风科技率先在行业内开启数字化转型，全面推进产业数字化和能源互联网建设，构建了完整的数字化风电场整体解决方案，为风电场的宏观选址、精细化测风、风资源评估、风电场规划与设计、建设管理、资产管理与优化等各环节提供全方位的数字化支撑服务
阳光保险	作为金融领域较早开启数字化转型的先行者，阳光保险立足数字化客户洞察、数字化营销、数字化产品创新、数字化风控和数字化运营五大核心能力，引领业务经营管理数字化转型。此外，在客户服务方面，阳光保险也借助数字化转型实现服务模式从"等待上门"向"主动服务"转变
九牧洁具	九牧洁具持续不断推动自身数智化，加快科技成果创新应用，将数智科技理念嵌入生产、经营、企业管理、品牌建设的方方面面，先后建立了"零碳灯塔工厂"和行业首家"5G 灯塔工厂"等 15 家高端数智工厂。在数智化转型的驱动下，九牧洁具 2023 年全年销售收入同比增长 20%，品牌价值持续提升，达到 1300 亿元，稳居行业首位

（续）

公司名称	数字化转型成效
广联达	广联达借助数字化转型不仅实现了自身收入模式、运营模式、管理模式等全方位的变革，还为建筑企业提供了多方位的数字化解决方案，其中最主要的数字工地整体解决方案为建筑企业提供了从战略规划到执行闭环的数字化执行路径，被评为"2024 年产业数字化创新案例"
良品铺子	良品铺子在门店数量仅为 100 家时就率先进行信息化布局，后将营销端作为数字化转型的切入点，打通前中后端的系统和平台，以及全渠道的交易信息和顾客数据，将割裂的各个渠道转化为信息互通、高效有序的整体，并推动客户端、研发端等全方位的数字化转型，取得了行业领先的业绩
酷特智能	酷特智能创造性提出"服装 C2M 大规模个性化定制商业模式"，并通过数字化转型完成从批量制造到大规模个性化定制的转型，成为中国 C2M 服装智能定制第一股。同时，酷特智能把自身服装大规模个性化定制的实践经验总结成一套完整的工业升级改造解决方案，对外推广应用。目前已连接、赋能、驱动了化工、医疗器械、家纺等 50 多个行业，为 150 多家企业赋能

资料来源：作者整理。

附表 2　二手资料搜集渠道

通过公司网站、公司年报、内部刊物、公开演讲等渠道进行相关数据收集，获取样本企业在数字化转型方面的书面资料和音视频资料

借助谷歌学术、中国知网等网站进行关键词检索，获取学者们针对这些样本企业数字化转型进行的学术研究及研究观点

通过《商学院》《中国企业家》《中外管理》等期刊获取有关 14 家样本企业的专题报道及公司主要领导人公开发表的演讲和访谈记录

通过微博、微信、今日头条等媒体了解 14 家样本企业在数字化转型方面的重大事件进展和相关报道

资料来源：作者整理。

附表 3　关键概念、测度变量的举例

构念	测量维度	举例
战略目标	改善成本结构	降低生产成本，降低物流成本。 科技对业务竞争力的提升，最终是交给客户和市场评判的，行业领先，竞争力提升，成本、服务、效率都提升。总体逻辑还是要主营业务有竞争力、成本低，假设别人的固定成本是 10%，你的固定成本是 5%。同样那么多柜台、那么多客户，别人的服务不如你，你人比他少，办得还比他好、比他快，这是科技带来的结果
	提高资产利用率	提高产销协同效率，提升库存周转效率；继续推进工厂的精益改善功能，赋能工厂，提高工厂的生产效率、提高产品质量。优化改善物流作业模式与流程，提升订单运营效率

（续）

构念	测量维度	举例
战略目标	增加收入机会	我们（受访企业）提出了二次创业的目标使命，从过去的一个工具软件开始向建筑产业互联网平台去发展
	提高客户价值	快速响应市场变化和客户需求，围绕客户的不同特点，有针对性地配置资源，创造客户价值
客户价值主张	价格	无论是在价格还是种类上，线上商品都具有明显优势
	质量	物美信息系统里有唯一的编码，供应商送到物美配送中心的果蔬商品通过质量检核、农残检验后，再利用 RFID 技术、GPS 识别技术追踪商品物流信息
	可用性	为了给用户提供更加便利的使用体验，招商银行 app 推出新功能，与第三方账户体系打通连接
	选择	当我们通过数字化提供了更多的内容、功能，用户看见了，就会用得更多
	功能	在产品功能上不断创新，技术上不断迭代，才能打造企业持续的竞争力
	服务	链家结合其线下门店业务十多年的积淀，探索将高品质服务的理念从线下贯彻到线上，打通 O2O 数据循环，实现业务流程线上化、数字化，尝试为每位到店用户提供有品质的标准化服务
	关系	物美通过数字化建立了会员制度来保持客户的忠诚，扩大客户群体，还通过 app、社交媒体平台和线下活动，积极吸引客户与物美分享和讨论他们对物美产品的想法和体验
	品牌	九牧洁具希望通过数字化打造具有创新性的、差异化的产品，以此树立科技九牧的品牌形象，实现对世界领先品牌（TOTO、科勒）的弯道超车
价值创造流程	运营管理	工厂后端系统自动拆单、自动出图，并自动对接加工设备，实现全程无缝对接，大大降低加工出错率，提升生产效率。工厂现场管理 NOS 系统，实现工厂现场管理精细化、可视化，融合 5G 等新一代信息技术，全面提升工厂数字化管理能力，实现工厂从传统制造向智慧制造转型升级
	客户管理	通过大数据，对每一季度消费者偏好进行判断，不再以短期的成交量为指导，而以是否解决顾客需求为驱动
	创新研发	从海量顾客评价中获取大数据和关键词，服务于产品研发
无形资产	人力资本	除了工业技术的研发人员，在数字化人才的构建上，三一重工拥有大量的数据科学家和软件工程师，力求将算法和软件变成集团重要的核心能力之一，实现创新发展
	信息资本	统一的数据标准体系、数据管理体系以及平台化的 IT 系统建设。从过去以采买为主到现在以自主研发为主，外扩为辅
	组织资本	2018 年，三一重工在北京成立智能研究院，负责整体的数字化研究，给各个事业部智能研究所与中心赋能，做平台型数字化架构

资料来源：作者整理。

二、部分学者、企业家对企业数字化转型的定义或认知

附表4　部分学者对企业数字化转型的定义或认知

学者	对企业数字化转型的定义或认知
Chanias 等[一]	数字化转型是一种由信息系统推动的业务转型，涉及结构和组织转型、信息技术使用、产品和服务价值创造，从而引发调整或创造全新的商业模式
Gurbaxani 等[二]	数字化转型需要重塑公司愿景、战略、组织结构、流程、能力和文化，以适应不断变化的数字业务环境，不仅改变公司，而且重新定义市场和行业
Fitzgerald[三]	数字化转型是使用数字技术（如社交媒体、移动设备、分析设备或嵌入式设备）实现重大业务改进，如增强客户体验、简化运营或创建新商业模式
Vial 等[四]	数字化转型是指通过信息、计算、通信和连接技术的结合触发对实体属性的重大改变，从而改进实体，更好地实现企业发展绩效
Liang Li 等[五]	数字化转型是由信息技术促成的转型，包括业务流程、操作流程和组织能力的根本性变化，以及进入新市场或退出现有市场

资料来源：作者整理。

附表5　部分企业家对企业数字化转型的定义或认知

企业家	对企业数字化转型的定义或认知
中国平安　马明哲	数字化不仅仅是一种技术革命，更是一种认知革命，是人类思维方式与行为模式的革命，通过科技的赋能，认识可以从表面到本质，从独立到联系，从感性到理性，从经验到科学，数字化将把人类认识客观世界、把握发展规律的能力提升到新的水平。对企业而言，数字化将在战略、组织、管理、运营、人才、服务等方面，带来思维模式上的巨大颠覆与产业实践上的系统变革
美的集团　方洪波	数字技术不再是单纯意义上的技术，技术背后驱动的是整个企业的方方面面，是对全价值链的重构……真正决定数字化转型成败的并不是技术，而是人的思维意识的改变，以及组织方面的变革

㊀ CHANIAS S, MYERS M D, HESS T. Digital transformation strategy making in pre-digital organizations: the case of a financial services provider [J]. Journal of Strategic Information Systems, 2019, 28(1), pp. 17-33.

㊁ GURBAXANI V, DUNKLE D. Gearing up for successful digital transformation [J]. MIS Quarterly Executive, 2019, 18(3), pp. 209-220.

㊂ FITZGERALD M, KRUSCHWITZ N, BONNET D, et al. Embracing digital technology: a new strategic imperative [J]. MIT Sloan Management Review, 2014, 55(2), pp. 1-12.

㊃ VIAL G. Understanding digital transformation. a review and a research agenda [J]. The Journal of Strategic Information Systems, 2019, 28(2), pp. 118-144.

㊄ LI L, SU F, ZHANG W, et al. Digital transformation by SME entrepreneurs: a capability perspective [J]. Information Systems Journal, 2018, 28(6), pp. 1129-1157.

（续）

企业家	对企业数字化转型的定义或认知
三一重工　梁稳根	数字化转型至少有三点，第一，它的核心业务必须全部在线上；第二，它的全部管理流程必须靠软件；第三，它的管理流程必须高度信息化，必须跟 C 端的客户、B 端的代理商、S 端的供应商、E 端的员工实现高度的、智慧的互联
天虹股份　高书林	数字化转型本质上不是一个纯技术的问题，而是公司的战略业务和价值创造的问题。一定不能够把数字化的转型看成是单独的业务转型，它一定是业务转型加上组织管理变革和企业文化的变革，是一个三位一体的系统工程。数字化转型一定要非常注重商业模式的设计，也就意味着要和相关的利益相关方形成一个更为合理的交易结构，利益要打通，实现共赢。数字化转型没有标准化模式，不同的企业一定要结合自己的情况，找到适合自己的一条路
物美　张文中	数字化转型是要求我们对于传统的零售企业用数字化的理论、方法、技术进行全面的解构、重构。解构、重构就要求你真的得懂数字化，你才能对过去的流程重新进行梳理，找出你真正能优化的点，对过去的组织重构，进行彻底的简化、优化，达到最佳的状态。所以，全面数字化是转型的基础
广联达　刁志中	构建数字生产力，提高企业的核心竞争力，是企业数字化转型的根本出发点。企业数字化转型的落脚点是企业业务，数字化转型必须与企业经营战略相结合……数字化转型是一项长期而艰巨的变革，其实现不可能一蹴而就，需要持之以恒、久久为功
贝壳　彭永东	数字化的核心围绕两个目标，一是提高消费者体验，二是重构整个产业的供应链
阳光保险　张维功	数字化转型是以客户需求为出发点，深入开展服务线上化升级项目，提升产品创新和运营服务能力。在这个过程中，科技创新要以战略而非技术驱动，科技团队要心系战略、脑系技术、眼观现状、不忘初心，从技术改变现状到技术创造未来

资料来源：作者整理。

三、数字化转型标杆企业的数字化转型战略地位

附表 6　数字化转型标杆企业的数字化转型战略地位

数字化转型标杆企业	数字化转型战略地位
中国平安	2017 年发布"金融＋科技"双轮驱动战略，致力于成为世界领先的金融科技公司。中国平安提出，未来 10 年，要成为全球数字化战略及发展的领导者之一

（续）

数字化转型标杆企业	数字化转型战略地位
美的集团	2012 年，方洪波接手美的集团后启动 632 项目，开启数字化转型之路；2020 年将"全面数字化、全面智能化"确定为核心战略之一；2021 年，方洪波宣布将已执行 10 年的"产品领先、效率驱动、全球运营"三个战略主轴升级为"科技领先、用户直达、数智驱动、全球突破"
华为	2016 年正式启动数字化转型战略。华为认为想要赋能整个行业的数字化转型，首先要把自己的数字化转型做成行业标杆。因此，华为将数字化转型定义为整个集团重要的战略变革
招商银行	2014 年，提出建立"轻型银行"的战略方向，深度布局互联网；2017 年，进一步明确将金融科技变革作为未来 3～5 年工作的重中之重，提出打造"金融科技银行"，推动自身经营模式的转型；2018 年，提出向"app 时代"和零售金融 3.0 转型；2019 年，开始探索"客户 + 科技"的 3.0 经营模式，持续加大金融科技投入；2021 年，正式提出打造"大财富管理的业务模式 + 数字化的运营模式 + 开放融合的组织模式"的 3.0 模式；2022 年，提出打造数字招行，围绕线上化、数据化、智能化、平台化、生态化，全面推进数字化转型
三一重工	在 2021 年年报中明确表示："公司坚持把数字化作为第一大战略，积极推进数字化、智能化转型。"数字化战略位列"数字化、电动化、国际化"三化战略之首
天虹股份	2017 年，天虹股份正式提出以数字化力促企业业务发展的思路，围绕客户服务走向全面数字化，其中包括三大战略：数字化战略、体验式战略和供应链战略
贝壳	将数字化与标准化视为企业发展道路上必不可少的战略之一，自成立以来便致力于搭建"数据与技术驱动的线上运营网络"，以求进一步了解消费者需求，为消费者提供个性化的、更好、更专业的服务
物美	数字化转型战略可以追溯到 2014 年，当时物美开始进行新的尝试，并在 2015 年内部测试多点项目。创始人张文中在各类零售大会上强调"全面的数字化、彻底回归商业本质"的重要性，并相信数字化是零售行业迭代的唯一法门
金风科技	自 2015 年起积极拥抱数字化转型，致力于风电行业的全面数字化及能源互联网的构建。数字化战略以"1411"为核心，强调流程、数据、业务数字化和数字化业务的转型，以及技术平台和组织文化的支撑
阳光保险	2015 年，公布了"一身四翼"的发展战略，旨在利用 10 年时间通过金融阳光、健康阳光、海外阳光、数据阳光等策略加强保险主业；"十四五"期间，启动了"一聚三强"的发展新战略，其中包括利用科技数据赋能保险主业，强化科技引领和创新驱动；2022 年，在招股说明书中表示将"数据科技"上升至集团战略层面，旨在全面强化数据科技能力，加快数字化转型
九牧洁具	2010 年，制订了第一个 IT 战略规划；2020 年，开始推动研发、营销、供应链、制造、运营等各个板块数字化转型升级的变革项目；2021 年，提出"双智"战略，强调数字化与智慧化；2023 年，发布数智战略 5.0，从全局高度展开，从技术、运营、智慧场景应用等多个维度入手，带动企业实现弯道超车

（续）

数字化转型标杆企业	数字化转型战略地位
广联达	将 2017 年至 2025 年定为"二次创业"阶段，并推出数字建筑业务战略；2020 年，提出建设"数字广联达"，以数字技术驱动公司组织转型升级
良品铺子	2018 年，将自己定义为"数字技术融合供应链管理和全渠道销售体系，开展高品质休闲食品业务的品牌运营企业"
酷特智能	2003 年开始探索数字化转型，并在 2011 年将 C2M 模式上升为公司战略

资料来源：作者整理。

四、数字化转型标杆企业的数字化文化核心要素

附表 7　数字化转型标杆企业的数字化文化核心要素

数字化转型标杆企业	数字化文化核心要素
中国平安	创新文化、容忍试错
美的集团	互联网思维、数据文化、鼓励创新、容忍试错、学习型文化、用户思维
华为	创新文化、变革文化、平台文化、数据文化
招商银行	互联网思维、鼓励创新、容忍试错、用户思维、开放融合
三一重工	数据文化、学习型文化
天虹股份	开放、与外部对接、与客户交互
贝壳	合作文化、学习型文化、客户思维、数据文化
物美	顾客至上、团队合作、变革创新、诚信廉洁、激情奋斗、敬业专业
金风科技	创新试错
阳光保险	创新文化、实干做派
九牧洁具	长期主义、创新文化、学习型文化、以解决问题为导向
广联达	开放、创新、客户思维、数据文化
良品铺子	互联网思维、鼓励员工有追求和远大抱负、鼓励创新和冒险、容忍试错和失败、学习型文化
酷特智能	鼓励创新和冒险、容忍试错和失败

资料来源：作者整理。

后 记

本书借鉴战略地图的理论框架，通过多案例的研究方法，分析总结数字化转型标杆企业在数字化转型过程中的经验与教训，具体包括标杆企业在战略规划与执行、客户价值创造、业务流程和无形资本支撑四个方面的关键举措和实践路径，并提出数字化转型战略地图。

通过阅读本书，读者可以深刻理解企业数字化转型的本质，掌握企业数字化转型的关键要素，学会如何利用数字化转型战略地图全面规划数字化转型、稳步实现数字化转型，并从数字化转型标杆企业案例中汲取经验、吸取教训。

结合对数字化转型标杆企业的研究，我们想再次简要强调对企业数字化转型实践的几点观察，希望能给读者以启发。

一是企业一把手需要具备强大的领导力，以推动数字化转型的进程。数字化转型的全流程离不开一把手的领导与支持。一把手只管方向、不管规划，只管规划、不管落实，只管落实、不管迭代，都是不可取的。对于数字化转型，企业一把手一定要重视、重视、再重视，万万不可做甩手掌柜。

二是企业需要制定明确的数字化转型战略，确保转型的方向和目标。

在研究过程中，我们发现即便是数字化转型标杆企业，也会面临数字化转型战略缺失的问题，很多企业指明了数字化转型的方向却没有做出相应的规划，导致企业在实际转型的过程中，出现"全面开花，各自为政"的现象，造成很大的资源浪费，甚至影响到整个数字化转型的深化。因此，在明确数字化转型战略时，我们不仅要定方向、明共识，还要落到实处，通盘考虑，全盘规划。

三是企业数字化转型务必要以客户价值为中心。对于企业来说，更好地为客户创造价值是企业实现可持续发展的关键。不管数字化转型的目标是降本增效还是提值增收，企业都要时刻思考如何以客户为中心，如何为客户创造更大的价值。脱离了客户的数字化转型，即便在刚开始的阶段取得一定的成果，长期来看也一定不可取。

四是企业内部业务流程的数字化离不开业务流程的重构。业务流程几乎涉及企业经营管理的方方面面，全面重构、一次性重构几乎是不可能的，也是不现实的。因此在实际转型过程中，企业务必要重新梳理、思考哪些业务流程需要重构，为什么要重构，从哪儿重构，只有明确这些问题，并在实际重构过程中小步迭代、逐步铺开，才能保证数字化转型过程中的业务流程是有效的。

五是企业在数字化转型过程中要非常关注以人力资本、信息资本、组织资本为代表的企业无形资本，任何战略的成功落地都离不开企业无形资本的支持，对于数字化转型来说亦是如此。尤其是对很多传统企业来说，数字化转型更为颠覆，涉及人才、信息、组织等方方面面，如果不从无形资本的角度进行改变，数字化转型基本不可能实现，即使实现也是面子工程，有名无实。特别要注意的是，在数据成为生产要素后，国家在数据治理方面提出了新的思路和要求，尽管距离落地还有很长的路要探索，但从数据资本积累的角度来看，企业还是要重视并思考、布局数据治理的相关内容。

六是很多企业数字化转型的出发点是降本增效，这无可厚非，但随着数字化转型的深入，任何企业都不能忽视数字化对自身业务模式的优化或改变，随着各行各业越来越多的企业开始进行数字化转型，仅以降本增效为目的的数字化转型很难成为企业的核心竞争力，因此企业在转型过程中一定要关注可能的新业务机会，探索新的核心竞争力。

在本研究进行过程中，我们越来越认同企业数字化转型只有进行时，没有完成时，数字化转型正在进行，智能化时代已扑面而来。在数据成为生产要素之后，企业数字化转型就会伴随其长期存在，不管它被赋予一个什么样的名字。

因此，在本书的结尾，我们也想从数字技术发展的角度，简单地跟大家分享几点我们对于数字化转型未来趋势的观察。

一是随着云计算技术的继续发展，企业将更加依赖云平台，以实现资源的弹性伸缩和高效利用。在数字化转型中，企业对于云应该更加开放，尤其是对于公有云，应在平衡成本、效率、安全的基础上更加合理地选择云服务。

二是物联网技术的广泛应用，将企业与企业之间的距离拉得越来越近，使更多企业打造生态的想法成为可能，尤其是产业链生态。随着越来越多的企业开始数字化转型，并在转型过程中更加开放，产业链的协同效率有望进一步提高。

三是随着生成式人工智能的进一步发展，人工智能技术在企业数字化转型中发挥越来越重要的作用，这可能给一些企业带来新的机会，也可能给一些企业带来致命的打击，企业要时刻关注，不能错失机会，也不能麻痹大意。

企业数字化转型是时代发展的必然趋势，对企业而言，既是机遇也是挑战。通过阅读本书，我们希望读者能够深刻理解企业数字化转型的内涵，掌握转型的关键要素，学会运用各种实践方法，并从案例中汲取经验、吸取教训。在未来，我们期待更多企业能够成功实现数字化转型，提升竞争力，实现可持续发展。

董伊帆、刘晓晨、孙德馨为本课题的研究做了大量的工作，尤其是董伊帆承担了大量协调工作，邓怀宇也参与了后期研究工作。

感谢所有参与本书研究、为本书提供指导的学者、企业家和高管们，感谢他们对研究工作的大力支持。

企业数智化变革与转型

每个产业都值得用数智化重做一遍

数智重生：战略求变与组织焕新

作者：[新加坡] 陈威如 [中] 凌隽 [中] 田佳玮 ISBN：978-7-111-77755-7

企业数字化转型战略地图

作者：王勇 ISBN：978-7-111-78044-1

一本书读懂数字化转型

作者：陈雪频 ISBN：978-7-111-66926-5

数字化转型路线图：智能商业实操手册

作者：[美] 托尼·萨尔德哈 ISBN：978-7-111-67907-3

数字跃迁：数字化变革的战略与战术

作者：张晓泉 ISBN：978-7-111-65960-0

零售供应链：数字化时代的实践

作者：杨海愿 ISBN：978-7-111-68862-4

采购2025：数字化时代的采购管理

作者：宫迅伟 ISBN：978-7-111-61388-6